宿州市博物馆
文物集萃

宿州市博物馆 编

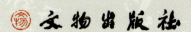
文物出版社

图书在版编目（CIP）数据

宿州市博物馆文物集萃 ／ 宿州市博物馆编. —— 北京：
文物出版社，2018.11
ISBN 978-7-5010-5821-1

Ⅰ．①宿… Ⅱ．①宿… Ⅲ．①博物馆－历史文物－介
绍－宿州 Ⅳ．①K872.543

中国版本图书馆CIP数据核字(2018)第255247号

宿州市博物馆文物集萃

编　　者　宿州市博物馆
责任编辑　智　朴
责任印制　张　丽

出版发行　文物出版社
社　　址　北京市东直门内北小街2号楼
网　　址　http://www.wenwu.com
邮　　箱　web@wenwu.com
制版印刷　天津图文方嘉印刷有限公司
经　　销　新华书店
开　　本　889mm×1194mm　1/16
印　　张　12.75
版　　次　2018年11月第1版
印　　次　2018年11月第1次印刷
书　　号　ISBN 978-7-5010-5821-1
定　　价　260.00元

概　述

　　宿州市位于安徽省东北部，处黄淮腹地，是苏、鲁、豫、皖四省交界之地。现辖砀山县、萧县、灵璧县、泗县、埇桥区，人口650万，总面积9787平方公里。历史上萧县、砀山县是汉文化的发祥地之一。泗县、灵璧、埇桥区毗邻大运河，受运河文化哺育滋养。宿州市博物馆的文物收藏和基本陈列内容也以汉文化和运河文化最为丰富精彩。

一　历史沿革

　　宿州史前文化遗存丰富，偏早阶段的以小山口遗址和古台寺遗址为代表，距今约8000年，也是安徽省已发现的较早的新石器文化遗址。大汶口文化的遗址分布较多，经过发掘的有花家寺遗址和金寨遗址、玉石山遗址、小山口中层和古台寺中层、芦城孜遗址下层、杨堡遗址等。龙山文化时期遗存在宿州更为密集，具有代表性的有芦城孜遗址中层、小山口上层、花家寺遗址中层、玉石山遗址上层、禅堂遗址、蒋庙遗址、佘家台遗址等。同时，也发现了几处岳石文化遗存，例如杨堡遗址岳石文化遗存、芦城孜岳石文化遗存、萧县前白岳石文化遗址等。

　　商周时期，宿州属夷的势力范围，淮夷、徐夷等部落在这里繁衍生息。西周时期至春秋时期，宿州多为宋国属地。春秋时期，有两个附属于宋国的小国，即宿国与萧国。周庄王十四年（公元前683年），宋国将位于山东东平境内的宿国迁入域内作为附庸。这是作为地名的"宿"字第一次进入宿州的历史。萧国故城在今萧县西北5公里。

　　宿州战国后期属于楚，受楚文化影响颇深。

　　秦统一中国，于此广置郡县。在今淮河以北苏皖交界一带置泗水郡，今宿州市各县区大部分属于该郡，只有西北一隅的砀山属于砀郡。砀郡治所今砀山北部，泗水郡治在宿州北部。秦代治县有：符离县、蕲县、取虑县、僮县、萧县、下邑县。

　　西汉，在秦郡县制的基础上实行郡国并行制，据《汉书·地理志》记载，今宿州各县区分别隶属于徐州刺史部的临淮郡、楚国，兖州刺史部的梁国，豫州刺史部的沛郡。东汉，郡国名称也有所调整，例如沛郡改为沛国，楚国改为彭城国，临淮郡改为下邳国。东汉时，宿州属豫州沛国、梁国，徐州彭城国、下邳国。

　　三国时，宿州属魏。沛国改为新设的谯郡，下邳国改为下邳郡。西晋属沛国、梁国、谯郡、彭城国、下邳国。原属谯郡的符离、竹邑、萧县划归沛国管辖。西晋末年，本地先后沦为后赵、前燕、前秦占领地区。南北朝，刘宋与北魏、萧梁与东魏等在本地战争连年，形成拉锯战态势，初属南朝宋地，后属北周。及至北齐武平三年（572年），本地置有潼州、夏丘郡、潼郡、蕲城郡。

隋朝统一全国，将全国州县加以省并，同时改州为郡，推行郡县两级制。本地建置有彭城郡所领符离县、蕲县、萧县；下邳郡所领夏丘县（治所在今泗县城）；梁郡所领砀山县。

唐代前期，本地属于河南道的徐州、宋州、泗州管辖，其中符离县、蕲县、萧县属徐州，砀山县属宋州，虹县属泗州。随着汴河的兴盛，宿州也迎来了历史上的发展高峰。唐宪宗元和四年（809年），为了保护汴河的漕运，始建宿州，领符离县、蕲县、虹县。

五代十国期间，宿州地区再度陷入南北分裂割据的局面。

北宋地方行政区划为路、州（府、军、监）、县（军、监）三级制。宿州分属于京东西路与淮南东路。宋哲宗元祐元年（1086年），把虹县所属零壁镇析出建置为县，至宋徽宗政和七年（1117年），将零壁县改为灵璧县。此时，宿州属淮南东路，下辖符离、蕲县、灵璧、临涣四县，其余萧县、砀山分别属于京东西路的徐州与单州。宋高宗绍兴十一年（1141年），宋金议和，宿州成为金国南部疆土。金代基本沿用宋代三级行政区划制度。

元朝统一中国，实行行省、路府、州县三级行政区划制度。宿州当时分属河南江北行省的归德府与淮安路及中书省济宁路，其中宿州、灵璧、萧县属归德府，虹县属淮安路的泗州，砀山属济宁路。

明朝，行政区划为布政使司、府、县三级制。宿州属南京直隶区的管辖范围，其中宿州、灵璧、虹县均属凤阳府，砀山、萧县均属徐州。

清初，仍沿袭明朝布政使司制度，仅南京直隶区改为江南省。康熙六年（1667年），撤销江南省分为江苏、安徽两省，宿州属安徽凤阳府。康熙十九年（1680年），泗州州城陷没于洪泽湖，寄治盱眙。乾隆四十二年（1777年），移州治于虹县，后又撤销虹县建置并入泗州。砀山、萧县属江苏省徐州府管辖。

民国元年（1912年）4月，宿州易名宿县，泗州易名泗县，与灵璧县同属安徽省，砀山、萧县仍属江苏省。民国二十四年（1935年），宿县、灵璧、泗县属安徽省第六行政督察区，专员公署驻泗县；砀山、萧县属江苏省铜山行政督察区，专员公署驻徐州。抗战胜利后，宿县、灵璧、泗县均属安徽省第四行政督察专区，专员公署驻宿县；砀山、萧县则属江苏徐州专区。

中华人民共和国成立以来，最初本地属于皖北行政公署的宿县专区，专员公署驻宿县。1952年，撤销皖南、皖北行政公署，恢复安徽省建置。砀山、萧县划归江苏省，永城划归河南省。1955年宿县专区的泗洪县划归江苏省，江苏省的砀山、萧县划属宿县专区。1964年，以宿县、灵璧、五河各一部分置固镇县，属宿县专区。1971年，宿县专区更名为宿县地区。1977年，濉溪县划归淮北市。1979年，析宿县城关镇及郊区为县级宿州市。1983年，怀远、五河、固镇三县划归蚌埠市。1993年宿州市与宿县合并，仍为县级市。1999年5月，宿县地区撤销，改为省辖宿州市，辖埇桥区、灵璧县、泗县、萧县、砀山县一区四县。

二　考古发现

宿州地区历史悠久，自新石器时代偏早阶段至近代的文物遗址点数以百计，开展的考古活动也相对较多。现择几处重要的考古活动列举如下。

1. 新石器时代考古

（1）小山口、古台寺遗址

小山口遗址位于埇桥区曹村镇小山口村北，古台寺遗址位于曹村镇南约2公里，这两处遗址最初由宿县文管所于20世纪80年代中期调查发现。1990年春，中国社会科学院考古研究所安徽队对这两个遗址再次进行了调查，1991年对其进行了试掘，获得了一批重要的实物资料。

《安徽省宿县小山口和古台寺遗址试掘简报》资料表明，小山口遗址包括了新石器时代早期、大汶口文化、龙山文化三个时期的遗存；古台寺遗址包括了新石器时代早期和大汶口文化两个时期的遗存。经碳十四测定和树轮校正，小山口早期文化分别为公元前6077～前5700和公元前5958～前5650年，距今约8000年，填补了这一地区新石器时代早期文化的空白。

（2）宿州芦城孜遗址

芦城孜遗址位于宿州市埇桥区桃园镇浍光村芦城孜村东南，西南紧邻浍河。遗址呈东南－西北走向，为近长方形的台地，面积约6万平方米。遗址最初由宿县文管所发现，并被宿县人民政府公布为县级文物保护单位。

1990年安徽省文物考古研究所对芦城孜遗址进行了试掘，布5米×5米探方四个，发掘面积100平方米。这是围绕苏鲁豫皖课题在开展的主动性考古发掘。

2009年5月～9月，为配合皖北煤电集团钱营孜煤矿运煤铁路专用线建设，安徽省文物考古研究所、宿州市文物管理所对遗址再次进行了考古发掘。本次考古发掘布10米×10米探方29个，10米×6米探方15个，共发掘面积3800平方米。

芦城孜遗址的发掘成果表明，这是一处比较重要的古文化遗址。包含有新石器时代早期文化遗存、大汶口文化晚期遗存、龙山文化遗存、周代文化遗存、汉代遗存、唐代遗存。尤其是龙山文化时期资料相对丰富，龙山时期的典型陶器群在皖北地区具有代表性，这有益于皖北地区新石器时代文化谱系的研究。

2. 汉代考古

（1）褚兰画像石墓

1956年春，原文化部社会文化事业管理局郑振铎局长获悉宿县褚兰镇九女坟古墓遭到破坏，电报通知安徽省文物管理委员会，立即派员前往调查，发现有两座墓葬，两座墓葬相距约0.5公里。其中九女坟（M1）位于墓山孜山顶中部，墓室基本完好；另一座M2位于墓山孜西南山脚下，墓室破坏严重，墓室南侧有一石祠，石祠后壁正中镌刻一方小墓碑，得知此墓是"辟阳胡元壬墓"，建于东汉灵帝建宁四年（171年）。

1956年秋，安徽省博物馆派胡悦谦、王步毅对这两座墓葬进行了考古发掘，获得了重要认识。

这两座墓葬的发掘，使我们获得一批有关墓室结构、墓上建筑、画像石配置等考古资料及三十二块珍贵的画像石。墓碑的明确纪年，为研究皖北、苏北、山东等地同类墓葬提供了重要的参考资料。

（2）萧县汉墓

1999～2001年为配合连霍高速公路萧县段建设，安徽省文物考古研究所同市、县各级文物部门共发掘了墓葬318座，少数为战国、唐宋时期，大部分为两汉时期。2009年出版的《萧县汉墓》收录了其中151座墓葬资料。这批墓葬分布于5个区域，分别为：张村墓葬区、冯楼墓葬区、王山窝墓葬区、破阁墓葬区、车牛返墓葬区。

萧县汉墓出土随葬品种类多样，按质地划分有陶、釉陶、玉、石、漆木、骨、铜、铁、铅及琉璃器等，以陶器居多。陶器有陶礼器、模型明器、生活用器等；铜器有镜、钱、盆、勺、印、铃、环、刷、车马器饰件等；铁器有刀、剑、铲、锸等；玉器有玲、璧、塞等。其中刻有画像石墓葬有11座，在雕刻技法上有阴线刻、减地平面、弧面浅浮雕；内容主要有：菱形图案、铺首衔环、十字穿环和二龙穿璧、人物、建筑、瑞兽、车马出行、百戏等。

3. 运河遗址考古

（1）运河调查、勘探工作

1983年，原宿县文物工作组对运河沿线进行考察，认为运河故道基本是沿着今泗永公路北侧向东西延伸。

1984年，一个由历史、文物、地理、水利等多学科专家组成的"隋唐大运河综合科研考察团"开展隋唐大运河学术考察。考察成果汇集出版了《唐宋运河考察记》和《运河访古》。

2009年，因编制运河总体保护规划需要，中国文化遗产研究院、安徽省文物考古研究所联合宿州文物部门，对宿州段全线进行了一次较全面的调查。

2013年，安徽省文物考古研究所又组织对运河安徽段全线开展详细的调查勘探。

2015年，因宿州市城市规划和运河保护的需要，又对宿州市城区运河进行了勘探。

此外，因配合城市建设，安徽省文物考古研究所在泗县城区、灵璧县城区若干个地点进行了局部勘探。

通过这些调查和勘探工作，基本摸清了沿线与运河相关的遗存，确定了运河的走向和具体位置，为今后的遗址保护和研究工作提供了更全面准确的信息。

（2）发掘工作

1972年，在泗县长沟镇邓村境内（鹿鸣山）西北2华里处，挖出一只宋代木船，长约10米，前后两仓。2003年泗县在挖掘虹都大厦地基时，在运河遗址中出土唐三彩、刑窑、定窑、钧窑、建窑、景德镇窑、磁州窑等数十个窑口的残瓷数百斤。

1987年，中国工商银行宿州支行在宿州市城内大隅口淮海路西侧建办公大楼，在大河南街北侧与中山街南侧相对两处距地表2米多深处发现大量凿制规整、错缝叠砌的长方形条石构筑遗存，两边相距约40米。结合文献记载，该处很可能是埇桥遗址所在。

2006年，安徽省文物考古研究所和宿州市文物管理所在宿州市区西关步行街发掘运河遗址600平方米；2007年，在宿州市城区内"埇上嘉苑"建设工程发掘运河遗址约500平方米。两处均揭露出较完整的运河河床剖面，弄清了运河宽度、河床基本结构以及运河开凿技术、疏浚、使用等信息，发现宋代石筑码头1座、宋代木船1艘，还在南堤上发现唐代建筑基址和道路遗迹。出土唐宋瓷器、陶器、铜器、铁器、骨器、石器、琉璃器、玉器等各类文物标本近5000件。

2011~2013 年，因申报世界文化遗产和编制大运河保护规划需要，安徽省文物考古研究所分别在泗县曹苗、邓庄、刘圩、马铺、朱桥、宗庄 6 处地点对运河河道与河堤进行解剖发掘，目的是了解该段河道、河堤的结构与建造技术。

此外，2010~2016 年，安徽省文物考古研究所配合当地城乡建设，分别在灵璧县小田庄、二墩子，泗县陆李、朝阳路等地点对运河进行局部发掘，出土丰富的遗物。对运河不同河段的结构、河道演变以及文化遗存埋藏情况等信息有了比较全面的认识。

（3）运河宿州段考古的主要收获

通过以上考古工作，对宿州段运河本体的情况有了一些基本的认识。

一是运河的具体线路。通过考古勘探和发掘，已经可以准确划定宿州段运河本体的走向和具体位置，重点保护的地段都设立了界桩和保护标志。隋唐大运河由河南省永城市入安徽境，经淮北市濉溪县，宿州市埇桥区、灵璧县、泗县，进入江苏省泗洪县，自西北向东南横贯安徽省境，长 180 多公里，其中宿州市境内 130 多公里。运河宿州段地处淮北平原，地势平坦。穿越宿州市城区和多个小城镇、村庄，有一部分被现代公路占压，沿线人口密集。现绝大部分已淤塞湮没于地下，部分地段现仍可见河道遗迹和隆起的堤坝，唯泗县境内尚存一段长约 25 公里有水的故道。

二是河道与河堤情况。根据考古勘探发掘结果可知，早期运河河道宽约 40 米、两岸河堤各宽约 20 米，堤顶宽在 13 米左右。但是，河道内的泥沙淤积速度比较快，使河床不断抬高，需要不断的清淤才能保证正常通航。因此，河道内会留下大量遗物和一层层泥沙，河堤也留下一次次增筑的痕迹。在淤积严重的时候，在局部河段也采取缩窄河道、加高河堤的办法以保证通航。

为使不断增高的河堤能够稳固，使用了"木岸狭河"这一水利技术。已解剖的河堤中发现有成排的但已腐朽的木桩，纵横交错，很密集，印证了"木岸狭河"的记载。

三是历次考古发掘出土大量隋唐宋时期文物遗存。按质地分有陶器、瓷器、铁器、铜器、石器、骨器、木器等七大类。其中瓷器数量最多，初步统计有定窑、长沙窑、吉州窑、磁州窑、建窑、钧窑、越窑、耀州窑、龙泉窑、萧窑、巩县窑、繁昌窑、景德镇窑、鹤壁集窑等，基本包含了唐宋时期南北方各主要窑口的产品，反映了因运河的开通而带来的商贸和文化交流的频繁。

4. 萧窑遗址

2015 年 5 月~10 月，安徽省文物考古研究所联合萧县博物馆对萧县欧盘窑址进行了考古发掘。欧盘窑址位于萧县白土镇欧盘村南部。此次发掘面积约 1100 平方米。通过发掘，共计清理出隋唐时期各类遗迹 90 处，其中窑炉 6 座，制料池 4 座，窑址 15 座、灰坑 50 个、墓葬 1 座、灰沟 7 条，柱洞类遗迹 2 处，灶类遗迹 1 处、路基 1 条，另有特殊遗迹 3 处。出土遗物近万件，其中与烧造相关的窑具有窑柱、窑棒、支托、垫板、支钉、垫圈和匣钵等；制料工具主要有石兑、碾轮和擂钵等；生活用具主要有陶盆、陶罐和陶缸等。

2007 年 3 月~7 月，安徽省文物考古研究所、武汉大学考古系、萧县博物馆对白土寨窑址老文化馆门前地点进行了发掘。本次发掘面积 478 平方米。清理唐宋时期各类遗址 70 处，其中窑址 3 座、料池 4 个、储灰池 7 个、房址 10 座、灰坑 29 个、柱洞类遗迹 12 个、灶类遗迹 3 个和路基 2 条。出土器物丰富，保存完整的小件器物近 800 件。制料工具类包括碾轮、擂钵；窑具类包括窑柱、垫板、支托、垫饼、碗形间隔具、手捏船形间隔具，少量三足支钉和匣钵；生活用具类包括陶器、瓷器、骨器等。瓷器釉色以白釉为主，均施白色化妆土，胎质较细密坚致，器类以碗为主，还有盏、执壶、盆、双系罐、瓜棱罐、瓶、杯、盂、平底钵、枕、缸、提梁罐、砚、玩具、佛像、骰子、棋子、建筑构件等。

根据前期调查和发掘得出的初步认识，萧窑始烧自隋唐，一直延续至宋元时期。欧盘窑址主要烧造时代为隋至盛唐时期，年代最早，白土寨各窑址点的年代较晚，其发展历程似有窑址点由北向南迁徙的趋势。

三 本馆及馆藏文物介绍

宿州市博物馆位于安徽省宿州市通济一路 8 号，2010 年 12 月建成开馆，占地 43.4 亩，建筑面积 10261 平方米。其建筑风格充分吸纳了汉文化元素，仿汉式高台大屋顶建制，既大气美观、庄重古朴、典雅敦睦，又富有丰富的人文意蕴，被评为安徽省"十一五"十大地标性建筑。宿州市博物馆是第三批国家二级博物馆、国家 AAAA 级旅游景区、安徽省第四届爱国主义教育示范基地、安徽省第五届爱国主义教育示范基地、第一批安徽省研学旅行实践基地、第九届宿州市文明单位和宿州市青少年历史文化教育基地。宿州市博物馆是对外展示宿州悠久历史和璀璨文化的重要窗口，是宿州人民的骄傲。

1. 基本陈列概述

宿州市博物馆的基本陈列包括宿州历史文化陈列和宿州民间艺术陈列。下面重点介绍一下展示宿州历史文化的 7 个展厅：

（1）序厅"九州通衢"

本厅再现在大运河历史上占有重要地位的宿州码头繁华场景，介绍宿州辉煌的历史，展现宿州四县一区最典型人文景观的盛世春色。

（2）"人文溯源"展厅

本厅主要介绍宿州久远的历史、早期的人类文明以及商周时期的社会历史文化风貌。首先引领观众走入远古时代，展示出多种刀耕火种时代的器物，以及数处具有代表性的发掘现场；向观众介绍了宿州新石器时代三个发展阶段，着重展现安徽省最早的新石器时代遗址；介绍徐淮夷文化对宿州的影响；介绍了宋人迁宿和吴鲁会盟等历史；陈列了宿州出土的小山口早期、大汶口、龙山以及西周、春秋战国等各个时期的石器、骨角器、陶器、玉器和铜器等代表性器物。

（3）"秦汉雄风"展厅

本厅主要展示秦汉时期发生在宿州的影响中国历史发展的政治和军事风云变幻，以及两汉时期这里的物质和精神文明成就。这里向观众呈现的重点是历史上发生于宿州的著名的陈胜吴广大泽乡起义和垓下之战。陈列了丰富的两汉时期陶器、玉器、铜器等珍贵文物以及巧夺天工的汉画像石艺术。

（4）"汴水咽喉"展厅

本厅向人们诉说的是宿州在大运河历史上的重要地位。通济渠的开凿，不仅使宿州成为隋唐宋时期沟通南北、南粮北运的重要通道，一度使宿州成为繁华的关津渡口，这里舟楫云集、商贸鼎盛，地方经济和文化曾经达到高度的繁荣。同时，这里也是兵家必争的军事要地。着重展示了宿州两次大运河考古发掘的丰富成果，宋代码头的重要发现，瓷器等各类精美珍贵文物。

（5）"明清遗韵"展厅

本厅展示了元、明、清时期具有代表性的精美玉器、瓷器、铜造像等文物及典型清代建筑群落——林探花府缩微模型。

（6）"现代风云"展厅

本厅向观众介绍了从抗战时期到解放战争时期发生在宿州大地的重大历史事件，详细描述了以彭雪枫、江上青为代表的英雄儿女事迹以及淮海战役、蔡洼会议等具有重要历史意义的重大事件。

（7）"人杰地灵"展厅

本厅主要向观众展示宿州是一座钟灵毓秀、人才辈出的城市。向人们集中介绍了远至闵子骞近至赛珍珠、刘开渠等生于宿州或寓居于宿州的历史名人。

2. 馆藏文物基本情况

宿州市博物馆馆藏较为丰富，现收藏有陶瓷器、青铜器、金银器、古钱币、玉器、石器、雕塑造像、印信、纸质文物等计10500件（套）。珍贵文物654件（套），其中一级文物1件，二级文物15件，三级文物638件（部分运河文物正在整理中，尚未定级）。

（1）陶瓷器类

馆藏陶器以新石器时代和汉代为主。早期陶器以大汶口文化、龙山文化陶器为主，其中出土的龙山陶器具有代表性，是研究区域文化的重要实物资料。这批文物基本是芦城孜遗址考古发掘出土。

汉代陶器主要为汉代墓葬随葬品，时代特征明显，种类丰富，有泥质陶器和釉陶器。泥质陶器有日常生活用具，如罐、缸、井圈等；有仿铜陶礼器，如鼎、盒、壶、钫等，并且一部分西汉陶器表面施有彩绘；模型明器较多，有仓、圈、溷、屋、井、灶、甑、磨等。釉陶器相对较少，器形以釉陶壶为主。这批文物主要是市文物局拨交和博物馆征集而来。

馆藏的瓷器众多，从隋至民国皆有，其中以唐宋时期藏量最多，类型丰富，有碗、盏、碟、执壶、罐、盂、粉盒、盘、瓷塑、杯、埙、碾轮等，涉及定窑、长沙窑、耀州窑、磁州窑、越窑、巩县窑、吉州窑、临汝窑、萧窑、寿州窑、刑窑、景德镇窑等多个窑口。唐宋瓷器主要是运河遗址出土，"汴水咽喉"基本陈列的主体就是宿州城区的两次考古发掘出土的精美瓷器，同时还有东二铺轮窑厂、西二铺等地点的征集文物，另有少量是灵璧运河遗址出土。明清至民国的一批瓷器亦相当精美，基本是本地征集和从安徽省文物商店购买而来。

（2）铜器类

铜器自周代至明清皆有，以汉代居多。周代青铜器以鸟首形盉、云雷纹鼎、窃曲纹鬲等，这几件精美文物皆是泗县出土。汉代青铜器较多，种类丰富，有鼎、壶、钫、洗、镜、带钩、杯、灯、剑、戈、矛、镞等，其中以铜镜居多，有席纹镜、草叶纹镜、蟠螭纹镜、星云纹镜、日光镜、昭明镜、博局纹镜、画像镜等，基本涵盖了汉代流行的所有类型的铜镜。

汉代青铜器大多是宿州本地汉墓出土或移交、征集而来。另有一批明清铜造像，制作精美，是灵璧县文物管理所旧藏。

（3）玉石器类

大汶口文化时期、龙山文化时期、周代的石器，器形有锛、斧、刀、镞等，基本出自芦城孜遗址。有一批唐宋时期的磲石、锚碇、石臼等文物，大多是 2007 年埇上嘉苑运河遗址出土。

玉器数量较少，汉代玉器以璧、带钩为主，基本是墓葬出土。有一批精美的明代玉器，如明透雕双鹿青玉山子、透雕蟠纹青玉带钩、青玉觚等，皆是灵璧县窖藏出土。

（4）石碑、石刻类

馆藏石碑数量较多，有宋赠太常丞苗公墓志铭碑、金代《瞻宸楼记》碑等。

画像石是我馆馆藏文物的一个重要方面。图像内容丰富，根据内容大致可以分为三类：多彩的现实生活、历史故事、神仙世界等。萧县、埇桥区、灵璧、泗县出土的画像石具有浓厚的本地特色。

此外，还包括骨角器、印章、古钱币、革命文物、其他金属器等各类文物，是我们馆藏文物的重要组成部分。

受篇幅所限，我们从中遴选出具有地域特色的代表性的器物集结成册，期望通过它们展现出宿州市博物馆馆藏文物的基本结构、特点，同时较全面的展现出宿州本地的历史与文化。

宿州市博物馆馆长　刘林

2018 年 9 月

目 录

石器、碑刻……001

陶瓷器······049

铜　器……117

金银玉器······*167*

石器、碑刻

1. 石 镞

新石器时代大汶口文化
宿州市涉故台村骑路谷堆遗址征集
长 5.8、宽 2.4、厚 0.9 厘米

灰色石料制成，通体磨光。锥形铤。

2. 石 镞

新石器时代龙山文化
宿州市芦城孜遗址出土
长 5.5、宽 1.3 厘米

黑色石料制成，通体磨光。镞身截
面呈三角形，锥形铤。

3. 石 锛

新石器时代
宿州市芦城孜遗址出土
长 3.3、宽 2.6 厘米

灰色石料制成，通体磨光。单面刃。

4. 石 铖

新石器时代
宿州市桃园镇芦城孜村征集
长 9.5、宽 6、厚 1.4 厘米

花岗岩制成，呈扁长方形。通体磨光，上部穿单孔，刃部呈弧形。器形规整，磨制精细。

5. 石 斧

商
宿州市五柳古文化遗址出土
长 14.5、宽 7.5 厘米

灰色石料制成。通体磨光，穿单孔，刃部呈弧形。

6. 石 斧

商
馆藏
长 14.5、宽 7 厘米

呈乌黑色，通体磨光，单刃。

7. 石狮三足砚

汉
宿州市桃园镇征集
高 11、直径 13.9 厘米

上部中间饰一趴坐的雄狮，盖面刻划锯齿纹及龙纹。
台面较平，下有矮三足。

8. 石镇（1组4件）

汉

馆藏

每件高5、长8厘米

底较平，形似卧虎。古代人席地而坐，石镇用于压席的四角。

9. 二龙穿五璧画像石

汉

萧县陈沟汉墓出土

长 169、宽 42、厚 29 厘米

呈长方体，为画像石墓门楣。刻画
内容为二龙穿璧，主要采用减地浅
浮雕的雕刻技法，简练紧凑，粗犷
有力。

◀ 10. 伏羲女娲交尾图画像石

汉
馆藏
长 140、宽 47、厚 24 厘米

画像石呈长方体，残。采用减地浅浮雕雕
刻技法刻画。刻画伏羲、女娲一左一右交
尾状，尾部组成环状，内刻画神鸟、神兽等。
线条粗犷。

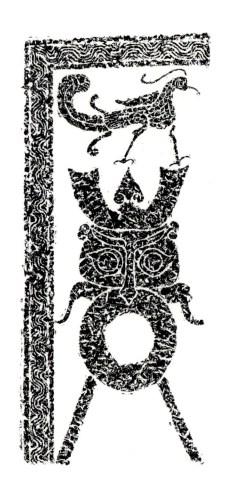

①

11. 朱雀铺首衔环画像石（1对）

汉

萧县陈沟汉墓出土

① 长 118、宽 57、厚 10 厘米

② 长 118、宽 60、厚 10 厘米

②

为两块门扉石。剔地浅浮雕雕刻技法
刻画。两门扉刻画内容基本一致，上
为一站立朱雀，下为铺首衔环。

12. 伏羲女娲画像石（1 对）

汉

萧县圣村汉墓出土

① 长 106、宽 36.5、厚 28.5 厘米

② 长 106、宽 34.5、厚 26 厘米

① 女娲

呈长方体，为墓葬立柱石，均为两面刻画。女娲图，人首蛇身，梳髻簪饰，双目圆睁，广袖束腰。伏羲图，伏羲戴冠，双目圆睁。内侧均为十字穿环。

② 伏羲

13. 门吏画像石（1对）

汉

萧县圣村汉墓出土

① 长 112、宽 33.5、厚 28 厘米

② 长 113、宽 40、厚 39 厘米

两块画像石均呈长方体，每块由两幅画面组成，以剔地浅浮雕技法刻画。

① 为执盾门吏，头带武弁，朝向一侧，一手执盾，一手执剑。另一门吏，头带冠，面朝前呈站立状。

② 为执彗门吏，头带武弁，朝向一侧，手似执彗，毕恭站立，上身微倾。另一门吏头带冠，朝向一侧，毕恭站立，上身微倾。

①

②

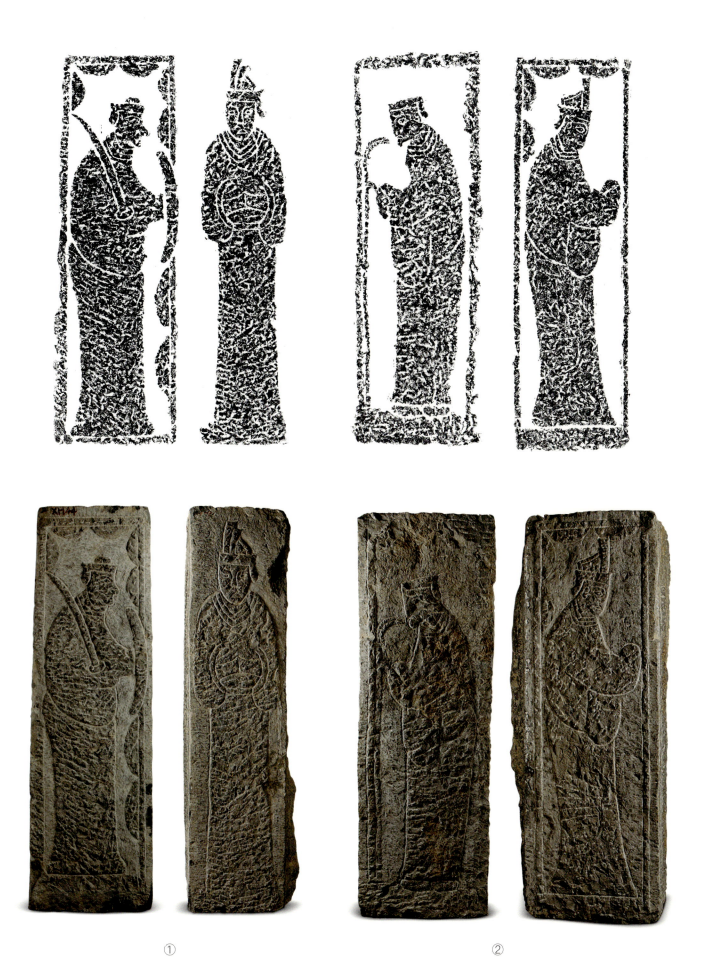

① ②

14. 白虎双面雕画像石

汉

萧县圣村汉墓出土

长 106.5、宽 36、厚 28.5 厘米

采用剔地浅浮雕雕刻技法刻画。画面为一白虎作奔跑嘶吼状，背生双翼。内侧为菱形纹。

15. 青龙双面雕画像石

汉

萧县汉墓出土

长 106、宽 30、厚 31 厘米

长方体。采用剔地浅浮雕雕刻技法刻画。
两侧画面。一画面为一青龙作奔跑嘶吼
状，背生双翼。另一画面上为一神兽首，
两角弯曲，下为一门吏，呈站立状。

16. 捕食图画像石

汉

萧县出土

长 109、宽 35、厚 34 厘米

呈长方体，两面刻画。采用剔地浅浮雕的雕刻技法刻画。一虎怒目圆睁，左侧为一小动物，虎作捕猎状。内侧为十字穿环。

画像石外围饰水波纹，内一朱雀，为剔地浅浮雕
刻技法刻画。朱雀神态自若，栩栩如生。

17. 朱雀画像石

汉
萧县陈沟汉墓出土
长 92、宽 96、厚 20 厘米

画像石外围饰水波纹，内一朱雀，为剔地浅浮雕雕
刻技法刻画。朱雀神态自若，栩栩如生。

18. 神兽画像石

汉

萧县出土

长 96、宽 59、厚 31 厘米

画像石呈长方体。剔地浅浮雕雕刻技法刻画。上为
一弯曲青龙，呈弯曲状；下为一人面兽身作扭斜状，
双目圆睁。

19. 瑞鸟神兽画像石

汉

萧县圣村汉墓出土

长 207.5、宽 52、厚 13 厘米

墓室后墙下部石，呈长方体。采用剔地浅浮雕技法。
上方分别刻画有人头像、人首鸟身像、人首鸟身连
体像，下方刻画有一组神兽纹。另外穿插三只金乌。

20. 车马出行画像石

汉

萧县出土

长 200、宽 44.5、厚 22.5 厘米

剔地浅浮雕的雕刻技法刻画。中间两辆马车，其中
前方马车两人作回首状，最左侧为一人站立作挥手
状，最右侧为一人呈跪拜状，马车前后各一随从护卫。
为主人送别宾客场景。

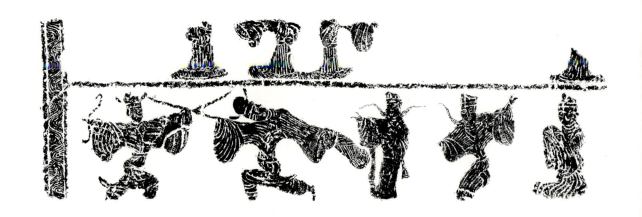

21. 舞蹈、车马出行画像石（2 件）

汉

宿州市埇桥区出土

① 长 143、宽 46、厚 11 厘米

② 长 144、宽 41、厚 10 厘米

残缺，呈长方体。剔地浅浮雕的雕刻技法刻画。画
像可分为自上而下三部分。最上残缺，仅可辨有四
人；中间为舞蹈图，四人作舞蹈状，最右侧一人呈
踞座鼓掌状，面露欢愉。下部分为车马出行图，中
为单驾轺车，左侧为一人骑马欢呼状，右侧为一骑
马者和站立人像，似为主人送别宾客。整个画面皆
显欢快之态。

① 舞 蹈

② 车马出行

22. 车马出行画像石

汉

宿州市埇桥区出土

长114、宽28、厚28厘米

长方体，采用剔地浅浮雕的雕刻技法刻画。刻画马车三辆。中间一辆为驷马轩车，乘车者戴高冠，前后两辆为双马轩车。整个画面紧凑而有节奏，表现细腻。

23. 河伯出行画像石

汉
宿州市埇桥区出土
长 78、宽 45、厚 21 厘米

残缺,长方体。采用剔地浅浮雕的雕刻技法刻画。
上为河伯出行,下为前后相连的四条鱼。

24. 楼宇升仙图画像石（拓片）

东汉
宿州市灵璧出土
长 115、宽 66 厘米

画像石采用平面阴刻线的雕刻技法。画像分为上、下两部分。上部分为三层楼阁图，庑殿顶，正脊两端有翘角装饰，顶层内有两人，左侧人物呈跪拜状，右侧人物踞坐，手持一物，外有两侍者；中层两人对坐，二人中间有一方案，左侧人物一手持勺，一手持耳杯，似服侍右侧人物饮食，外各有一跪坐侍者；下层檐下有斗拱，立柱相承，立柱两侧共三只神兽。下部分为车马图，单驾轺车，车内一御者、一乘者，自右向左行驶，马车上部有两飞行人物，前部及下部有凤鸟。

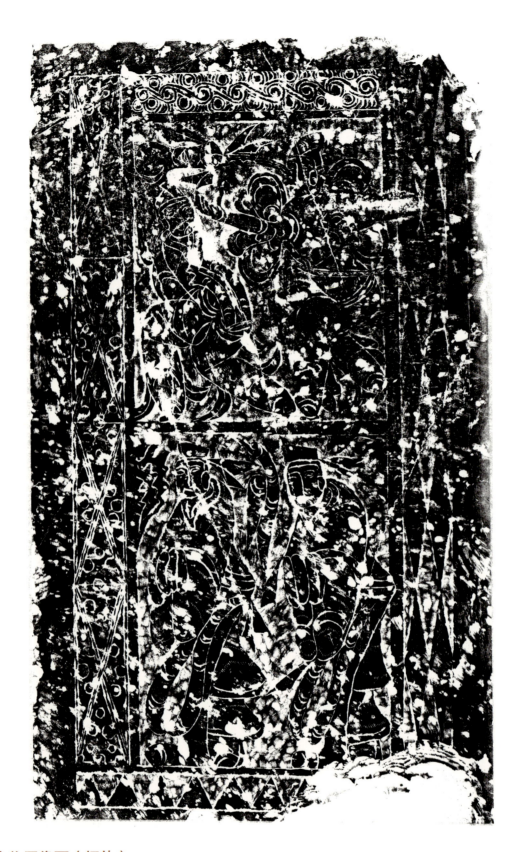

25. 人物画像石（拓片）

汉

宿州市灵璧出土

长 111、宽 67.5 厘米

26. 武将图画像石（拓片）

东汉

宿州市灵璧出土

长 111、宽 64 厘米

画像石采用平面阴刻线的雕刻技
法。画面正中武将带剑躬身而立，
外框饰两层菱形纹。

27. 蕲县界碑

唐

1994年原县党校（今环宇商厦）基建出土

残长86、宽41、厚25厘米

碑形为长方体，为深灰色花岗岩，上有榫头，碑体四面均有文字，皆阴刻楷书，残文如下：正面刻"彭城郡蕲□"，背面上部竖刻"蕲县"下部竖刻文字两行"县境东西一百……／南北……"，左侧残文分上下两部分上部"西去东京九百六十里／西去睢阳郡三百卅里"，下部竖刻"西去陈……／西北去□……"，右侧残文竖刻"东南去广陵郡七百……／南去寿春郡二百……"。

它标识了埇桥当时距离周边六座重要城市的方向、里程和蕲县的范围，对于历史地理的研究提供了重要的实物资料。

28. 石锚碇（2件）

唐

2007 年宿州市埇上嘉苑运河遗址出土

① 高 28、长 30、宽 18 厘米
② 高 38、长 30、宽 10 厘米

停船用具，用绳索或铁链连在船上，抛到水底，可以使船停稳。

①

②

①

29. 石臼（2件）

唐

2007 年宿州市埇上嘉苑运河遗址出土

① 高 18、长 22 厘米

② 高 17、长 21 厘米

②

用以砸、捣，研磨食品、药材等的生产工具。

① 为灰色石料，石面有一臼窝，平面近呈圆形，
外围一周扉棱，近平底。

② 为灰色石料，近呈方形，臼口高低不平。

30. 石 砚

唐

2007 年宿州市埇上嘉苑运河遗址出土

长 15、通宽 9、厚 2.5 厘米

灰色石料制成，整体呈簸箕形。古代文房用具，用
于研墨。

31. 灵璧石

宋

2006 年宿州市西关步行街运河遗址出土

高 29、长 35 厘米

黑色磬石，形似汉字"山"，造型雅致，音色悦耳。它的发现说明早在北宋灵璧石已经被上流社会所收藏和鉴赏，并通过运河进行流通。

32. 苗正伦墓志

宋

馆藏

① 墓志盖长 85、宽 67、厚 14 厘米

② 墓志铭长 86、宽 67、厚 13.5 厘米

赠太常丞苗公墓志铭

儒林郎守秘书省著作佐郎充利州路转运司管句文字宋居撰

文林郎守秘书省著作佐郎充利州路提举常平仓司句常公事陈鹏□书并篆盖

公讳正伦字执中其先上党壶关人后再迁于符离今为符离人曾祖讳遂瑢不仕祖讳赞累赠刑部侍郎父/讳积任太常少卿当 仁宗朝以儒学吏才赫然为一时名臣公以父荫补试秘书省校后书郎调知许州临颍县甄善锄恶居官有/能迹岁满三司判官陈公商知公材力敕敏为荐公监解州安邑县之监池监利富饶号为天下最凡几大□□/度之费一以印给先是 朝廷之/法监董之官岁额丰美者以京官奖之其后以 恩命过优降循□□之资公之领盐事也刑精殚虑钩索姦弊限丁畦之常课绝吏掾之私情自兹官无遗利而商人□□□之□/岁之间美赢之数盖八十万郡守何白嘉公幹干局有法以为赏不厚无以劝能吏因以状闻□□□□以/举者二人后行京官之赏 朝廷从之公解秩用监盐课之劳及论才者数人当迁京官铨吏许公以□□/迁官□欲邀倍□公曰吾素廉贫无资况以赂谋进非吾志也竟不持一钱与之吏怒去以公治任而□□/在后不应令当

受职官之赏主司惑而信之公亦不深辨明也遂调庆州推官环庆帅孙公沔威□素重□□/屏缩莫敢仰视公独论事激烈气不少屈久之知公刚正无它荐遇尤厚后守将有恃才矜□□恶公以□/道自任无迎意软媚之色而又同列有忌公者日谤訾于前田是□以味杂不善而得□矣公竟坐法免官以□/卒于家享年三十九时皇祐二年六月初六日也公端直倜傥读书知大指慨然有志于功名守道行己不□/势位者所回集仲尼称仁者之勇公得之矣然而名声未昭癸时功利未加于人年□□/仕而为权佞所嫉者/排陷摧伤其志不就平穷以死嗟夫士之生于世患无才智以自将既有才智矣又恶乎操修之不笃而□守/之不固公葄刚□决果于从政所谓有才而固守矣而天不畀之以时命公能无憾乎虽然道不行于己必有/传于后禄不荣其身必有贻于子公庶几乎可以无憾矣公四子一女长曰时令今为太子中舍利州路转运/判官次曰师中进士中第秘书丞都大提举澶濮州黄河堤岸曰纯中蹻冠而卒一子并女皆蚤夭孙男四人/并未□孙女长适黎州汉源县令杨汝砺未嫁者三人公始赠官太常丞两娶徐刘二夫人先公而□赠□□/仙居二县太君三娶郭氏敕封万年县太君皆以子贵也时中师中□学能文章通知古今治乱利害之源而/长于政事盖已尝试用于时矣至其器业阔远施设驰骤固未□其所止也愚公前谓公可以无憾者诚在此尔/熙宁八年二月十四日葬于葡城乡之卫里原从先侍郎之茔宫舍公以铭见属愚既为宫舍公之□□而又/秘丞君与余同年进士也义不克避勒之铭云铭曰/鸣呼苗公 德方而□ 气节以□ 临事劲挺 不折不缺 凛然锋铓直道事人 遭罹权佞 掩抑沮伤 一垂其翼 坎禀而逝 □沉幽光有子之令 题大振耀 公为不亡 百世之下 谁其不知 现此铭□

①

②

②

①

33. 瞻宸楼记碑

金
馆藏
碑身长155、宽73、厚23.5厘米

瞻宸楼记碑为金代遗存，20世纪80年代发现于宿县图书馆，1984年移入文物管理所院内，2014年又移交至宿州市博物馆。国家二级文物。

"瞻宸楼记"碑碑头圆形，下有碑榫。碑额阴刻竖书"瞻宸楼记"四字篆书，碑文竖排，阴刻楷书自右至左计23排，共648字，字体端庄厚重。碑体保存状况良好，仅右侧边缘有部分缺损。碑文内容如下：

瞻宸楼记
将士郎符离县主簿高霖撰并书
承德郎充翰林修撰兼修起居注党怀英篆额
大定廿六年春宣威将军耶律公出守宿郡下车之后政成民听前废继兴于是后楼之敝坏仍其旧 / 而完之鸠功于六月朔落成于七月既望符离县丞窦宇实董其役楼之成也太守命名曰瞻 / 宸且命□作文以记之 尝谓心之精微口或不能言言之微妙书或不能文人之所共难也况将求 / 太守之深心而言之书其言而文之难又甚焉然之所笃不容以浅陋辞谨再拜稽首而献其说曰 / 楼之北楶叠嶂重峦澹碧深翠如眉如发岚气莆莆直坠于栏万象纷绒指顾之间方其隆夏雨湿阳 / 烦九土炉烘挥□□颜 一登其上尘襟欲寒南薰扫之暑气随偻此昔人所以名之曰平翠曰清风也 / 然太守之心不留于物不专于己无取焉耳南楶之下淮水东注千里安行滔滔汩汩万马饱饮佚我 / 戎旅谈笑帷幄折冲御侮至于临民尤善摩抚准平绳直义法并取使有畏爱宽猛得所净若治目合 / 郡按堵来几五月善政备举此今人所以欲名之曰镇淮曰报政也然太守之心谓职之所在自当尔 / 耳尚何言哉昔太守宿卫 / 内禁十有九年朝暮起居密迹 / 至尊优渥厚遇难谕于言及其出守西鄙移镇南边腹心委之冲要维藩自始至终大略可观此太守 / 所以一饭一觞未始不称 / 圣恩也故其楼之始修也先虚其北使可以布北向之席穷千里之目取韩文公潮州谢上表瞻望宸 / 极神魂飞去之词以名章忠初文士以文公在贬所嫌其名太守曰不然文公在贬所训在光荣之地 / 势虽异矣思 / 君之情何异焉遂定其名乃厚之以一州之全奉而不侈乐之以千里之胜概而不娱牧民振军功成 / 而□居独思 / 君之情日笃一日岂非古之所谓忠君志在过厚者耶其功名孰可量哉七月望日记
宣威将军知宿州防御使事兼统押军马轻车都尉漆水郡开国伯食邑七百户耶律训立

瞻宸樓記

34. 礌石（2件）

金
2007 年宿州市埇上嘉苑运河遗址出土
直径 20 厘米

呈圆球形，表面较粗糙。礌石是古代作战时
从高处推下用于打击敌人，古代战争中常见。

35. 二龙戏珠石柱

明

宿州市埇桥区

高 47、上直径 29、下直径 35 厘米

36. 石狮子（1 对）

明

宿州市埇桥区

每件通高 200、狮子通长 167、通宽 103 厘米

雌雄石狮子一对，雄狮戏球，雌狮戏小狮子。

37. 高其佩诗碑（拓片）

清
宿州市闵祠村
长 60、宽 40 厘米

内外言无间，诗歌谁足论？独能传圣道，一德共乾坤。

墓树朝常静，冢山夜不昏。匪徒瞻拜起，相与励贤孙。

康熙丙寅三月铁岭后学知宿州事高其佩敬手书

陶瓷器

1. 罐形陶鼎

新石器时代大汶口文化
2009 年宿州市芦城孜遗址出土
高 22.5、口径 21 厘米

夹细砂夹蚌红褐陶，内壁黑色。尖唇，折沿，垂腹，
圜底近平，下附三角形足，足面有两个按窝。器表
饰篮纹。

2. 高圈足陶盘

新石器时代龙山文化
2009 年宿州市芦城孜遗址出土
高 20、口径 33.5、底径 25.5 厘米

泥质灰陶。圆唇，折沿，沿下有一周凹槽，浅盘，
圈足下部方折，圈足中部有两周凸棱、两个圆形镂空。

3. 陶　罐

新石器时代龙山文化
2009 年宿州市芦城孜遗址出土
高 24.8、通宽 36.5、口径 29.2、底径 10.4 厘米

侈口，尖唇，直颈，鼓腹，小凹底。泥质磨光黑褐陶，
内壁黑灰，器表局部灰褐色。沿缘外侧有两周凹槽。
腹部饰篮纹，上腹饰一对称宽横鋬。

4. 白陶鬶

新石器时代龙山文化
2009 年宿州市芦城孜遗址出土
通高 28 厘米

炊煮器。夹砂灰白陶。短斜流，短颈，分裆，肥袋
足外撇，尖锥状实足根，把手近全张开。颈饰五周
凸弦纹和两个盲鼻。

①

②

5. 陶网坠（2件）

新石器时代龙山文化
2009 年宿州市芦城孜遗址出土
① 长 5.7、宽 3.2 厘米
② 长 6.2、宽 3.5 厘米

均呈圆柱状，中间略鼓，两端及中间各有对称横、竖用于拴绳用的凹槽。

①

②

③

6. 陶纺轮（3件）

新石器时代龙山文化
2009 年宿州市芦城孜遗址出土
① 直径 5.5、厚 1.4、孔径 0.9 厘米
② 直径 5、厚 0.9 厘米
③ 直径 6.3、厚 0.5~0.9、孔径 0.5 厘米

均呈圆饼形，中间一小圆孔。手制。
① 为泥质灰陶。正面有呈"十"字按压细绳纹。
② 为泥质灰褐陶。边缘饰一周粗凹弦纹。
③ 为泥质磨光黑陶。底面平，顶面中间隆起，边缘一周凹槽。

①

7. 双耳陶罐（2件）

周

2009年宿州市芦城孜遗址出土

① 高22.4、口径11.6、底径13.6厘米

② 高17、口径10.6、底径21.5厘米

① 泥质黑陶。敞口，束颈，鼓腹，大平底。肩附一对鸟首形耳。颈部饰七周、肩部饰五周凹弦纹。

② 泥质黑陶，敞口，束颈，鸟首形耳，鼓腹，平底。颈肩部饰数道凹弦纹。

②

8. 黑陶鬲

周

2009 年宿州市芦城孜遗址出土

高 20.7、口径 25.5 厘米

炊煮器。泥质磨光黑陶。圆唇，宽折沿，鼓腹，高弧裆，
柱状实足根。腹部贴敷与三足相对称的竖向扉棱。
沿下饰七周弦纹，裆部及足部有修抹的刮削痕迹。

9. 陶簋

周

2009 年宿州市芦城孜遗址出土

高 16.5、口径 18.9、底径 17.7 厘米

磨光黑陶。圆唇，窄折沿，鼓腹，平底，大喇叭形座。
内壁上腹一周凹弦纹。

10. 陶仕女俑（2件）

汉
馆藏
均高 33 厘米

站立状，双平髻，束腰，喇叭形裙。

11. 彩绘茧形陶壶

汉

宿州市萧县西虎山汉墓出土

高 17、口径 7.6 厘米

有盖，盖成覆钵状。子母口，方唇，束颈，
茧形腹，圈足外撇。器外饰朱绘卷云纹等。

12. 彩绘鸭形灰陶勺

汉

馆藏

高 8、长 7、宽 5.6 厘米

泥质灰陶。器如烟斗形。器身圆唇，弧壁，圜底。
勺的尾部装柄，柄弯曲状，呈鸭形。外有朱绘图案，
较模糊。

13. 彩绘陶仓

汉

馆藏

高 27、长 27、宽 18.5 厘米

屋状，屋脊中央一侧有方形通风口，
长方形门洞。外饰菱形纹及彩绘图案。

14. 菱形纹空心砖

汉

宿州市蕲县出土

残长 45、宽 32、厚 18 厘米

残缺。古代墓葬的建筑材料。砖内中空，上开两孔。

正面饰菱形纹、柿蒂花纹等。

15. 灰陶瓮

汉

宿州市解集乡沟上村出土

高 56.5、口径 34.5 厘米

泥质灰陶。敞口，圆唇，卷沿，短颈，圆鼓腹，小凹底。
外壁饰数十道弦纹。

16. 陶井圈

汉
宿州市芦岭镇安阳遗址出土
高 43、口径 83 厘米

泥质灰陶。圆形，束腰，圈壁中央有对称两孔。井
圈外壁饰粗绳纹。
烧制规范的陶质井圈一节节连接形成井壁，可防四
周泥土坍塌淤积，保持水源洁净，孔眼可使周围地
下水进入井内，确保水量来源。

陶猪圈

汉

馆藏

高 10.5、长 18.8、宽 15.6 厘米

模型明器。围墙呈长方形，在圈围墙的两个对角，
置一悬山式猪棚舍和厕屋，顶上起瓦楞。厕屋正面
开有长方形厕门。圈内有一头母猪哺乳猪崽的模型。

18. 陶 溷

汉
馆藏
高 24、通长 20、通宽 15.5 厘米

泥质灰陶。由猪圈和厕屋两部分组成。
上部为厕屋，设有四阿顶，厕屋正面
开有长方形的厕门，门一侧有四个通
风口。下部为猪圈，设圆角方形围栏。

19. 陶 井

汉
馆藏
高 18、口径 10 厘米

上部为方形井栏，井身呈圆桶状。

20. 陶 灯

汉
馆藏
高 16、口径 9.6、底径 10.5 厘米

泥质灰陶。敞口，平沿，弧壁，灯柄稍高，
下部较粗，有棱，灯座呈圆饼形。

21. 陶 灶

汉
馆藏
高 10.8、灶长 13.5、通宽 11.7 厘米

泥质灰陶。灶身前窄后宽，前端置一圆形烟囱，后端置一拱形灶门。上部有隆起火眼一个。火眼上置甑，敞口，宽平沿，斜腹，底有五个箅孔。

22. 陶 磨

汉

馆藏

通高 7.8、通宽 17 厘米

泥质灰陶。磨盘为圆形，敛口，直壁，壁上有一圆
形磨眼，平底。磨盘中部有与盘连成一体的圆形下扇，
下扇中部略高并有一圆孔，扇面有沟槽。置圆形上
磨扇与下磨扇相扣，上磨扇顶有一周凸棱。

23. 釉陶壶

汉
馆藏
高 18.5、口径 9.5 厘米

釉陶，上半部施釉。喇叭形口，长束颈，
圆鼓腹，矮圈足。肩部饰对称叶脉纹桥形
耳。颈部饰水波纹，上腹部饰两组凹弦纹，
下腹部饰凸弦纹。

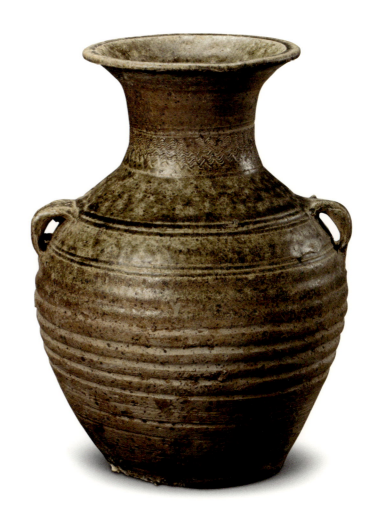

24. 釉陶壶

东汉
宿州市夹沟五柳尖山出土
高 16.5、口径 8、腹径 14.8 厘米

盘口，短颈，斜肩，鼓腹，平底。肩及上腹
部饰弦纹。红褐色胎，器表施半釉。

25. 青釉盘口四系瓷壶

隋
宿州市解集文化站征集
高 26.7、底径 8.5、腹径 15.7 厘米

盘口，长束颈，溜肩，鼓腹，平底。肩附四系。外
施青釉至下腹部，有积釉和流釉现象。浅褐色胎体，
胎质粗糙。

26. 莲花纹陶瓦当

唐

2006 年宿州市西关步行街运河遗址出土

直径 14、厚 2.5 厘米

泥质灰陶。圆形。宽缘，中部微凹为纹饰区，
一凸起圆周分成内外区，内区浅浮雕莲花荷
叶纹，外区为一周乳钉纹。

27. 陶扑满（2 件）

唐

2006 年宿州市西关步行街运河遗址出土

① 高 8、腹径 10 厘米

② 高 12、腹径 11、底径 4.5 厘米

存钱的器具。泥质黑陶。上有一细长的孔，可放入
钱币，要打破后才能取出。

①   ②

28. 绿釉谜语双系陶罐

唐
宿州市顺河乡蔡窝子征集
高 13.5、口径 5.2 厘米

敞口，圆唇，卷沿，直腹，平底。
肩附一对称耳。浅黄色胎体，胎
质粗糙。腹部施青釉，釉层较薄。
腹部有刻划文字猜谜："刘背打
马上西川，曹操备后使箭串，关
公半路休了妻，张非傍边做证见。
打四果名"。

29. 白釉瓷盂

唐

宿州市农药厂工地出土

高 3.2、口径 2.5、腹径 6.4 厘米

敛口，扁圆鼓腹，近平底。外施白釉，釉面粗糙。浅灰色胎体，胎质粗糙。

30. 白釉绿彩瓷行炉

唐

2006 年宿州市西关步行街运河遗址出土

高 3.8、底径 3 厘米

敞口，宽斜平沿，圆唇，直腹，平底稍外撇。浅黄色胎体，胎质稍粗糙。口沿及外腹部施白釉，沿处点绿彩，釉层薄，釉面有开片，釉下施一层白色化妆土。

31. 青釉瓷罐

唐
宿州市北九道湾征集
高 16.5、口径 12.5、腹径 21.5 厘米

侈口，圆唇，短颈，圆鼓腹，平底稍外撇。施青釉，
内施釉至颈部，外施釉至下腹部，釉面有开片，有
脱釉现象。夹砂浅灰色胎，较粗糙。

32. 酱釉瓷罐

唐

2006 年宿州市西关步行街运河遗址出土

高 13.3、口径 11.1、腹径 20.3、底径 7.7
厘米

敞口，圆唇，短颈，斜肩，凹曲腹，平底略内凹。
上腹部有一周凸棱。灰褐色胎体，胎质粗糙。
口沿内侧及外腹部施酱釉，釉面粗糙，有较
多斑点和流釉现象。底部有五个支钉痕。

33. 巩县窑绞胎瓷枕

唐

2006 年宿州市西关步行街运河遗址出土

高 6.5、长 12.5、宽 8.5 厘米

唐代的生活用具。近呈长方体，直身平底，枕面内凹，一侧有一圆孔。浅黄色胎体，胎质稍粗糙。以黄、褐两种胎泥绞合在一起，形成花纹，贴于器物表面，施透明釉，烧成后即为绞胎器。此枕为巩县窑产品。

34. 黑釉瓷枕

唐

2006 年宿州市西关步行街运河遗址出土

高 7、长 15、宽 10 厘米

呈圆角长方体，枕面内凹，平底。底部一端有一个
小孔。浅灰色胎体，胎质细腻。除底部外，通体施
黑釉，施釉均匀，釉面光滑。是运河遗址出土的精
美瓷器之一。

35. 青黄釉褐彩瓷执壶

唐

2006 年宿州市西关步行街运河遗址出土

高 14、口径 7.5、底径 9 厘米

侈口，短束颈，鼓腹，平底，颈肩部有曲状
把手，另侧肩部置一短流，两侧各饰一圆形
系。浅黄色胎体，施青黄釉，内施釉至颈部，
外施釉至下腹部，双系、流下部饰椭圆形褐斑。

36. 青釉褐彩贴花瓷执壶

唐

宿州市东二铺轮窑厂出土

高 17.9、口径 8.4、腹径 13.6、底径 11.8 厘米

扁圆唇外卷，口沿微侈，短颈，溜肩，鼓腹，平底外撇。颈肩部对称竖装双系，肩部八棱状短流。青釉，器内颈下无釉，器外施釉不及底，釉质莹润均匀，有细小开片。双系、流下褐彩、桃形，贴花于双系及流下，纹饰为双凤、枝叶、十字蝴蝶结。胎体青灰，较细腻。

37. 青釉褐彩双系瓷罐

唐

2006 年宿州市西关步行街运河遗址出土

高 13.2、口径 7.4、底径 7.8 厘米

侈口，卷沿，圆唇，直颈，颈肩部置两泥条双系，长腹内收，略呈筒形，平底。青釉泛黄，外施釉至下腹部，肩腹部饰褐彩连珠纹和绿色点彩。灰褐胎较粗糙。

38. 青釉瓷钵

唐

宿州市东二铺轮窑厂收购

高 4.2、口径 10.5、底径 5 厘米

口微敛，圆唇，直斜腹，平底内凹。内施满釉，外施釉至下腹部，施釉不均，有流釉和积釉现象。浅灰色胎。

39. 黄釉瓷碗

唐

2006 年宿州市西关步行街运河遗址出土

高 6.2、口径 19.5、底径 8 厘米

敞口，圆唇，弧腹，饼形底。浅黄色胎，胎质粗糙。黄釉，内施满釉，外施釉至下腹部，有流釉现象。器内底有三个支钉痕。应为萧窑产品。

40. 青釉席纹双系瓷执壶

唐

宿州市东二铺轮窑厂出土

高 23.5、口径 6.5、腹径 9.8、
底径 8 厘米

敞口，扁圆唇加厚微凸，口沿外
撇，长颈，溜肩，长直腹，平底。
颈肩部对称竖装双系，双条形把
手，圆柱状短流。上腹部饰席纹，
流上饰五周弦纹。青灰胎，较细腻。
施青釉，器内满釉，器外施半釉
至席纹处，釉下施化妆土，有脱
釉现象。

41. 三彩注子

唐

1978 年宿州市东二铺轮窑厂出土

高 6、口径 6.5、腹径 8.5 厘米

敛口，宽凸唇，唇下置一圆柱形短流，鼓腹，饼形足外撇。白灰胎，稍粗。器内底部施绿彩，外施半釉，黄绿两种釉相间分布，斑驳自然，有流釉现象，半施化妆土。

42. 三彩执壶

唐

2006 年宿州市西关步行街运河遗址出土

高 10、口径 4、腹径 7.5 厘米

侈口，圆唇，束颈，鼓腹，平底外撇。口与上腹部置一弧形把手，另一侧置圆柱形短流。红胎，胎质粗糙。器内施釉至颈部，外施半釉，褐绿两种釉相间分布，有流釉现象。

43. 三彩兔形枕

唐

2006 年宿州市西关步行街运河遗址出土

高 6.9、枕面长 14.1、宽 8.6、枕底长 10.6、
宽 6.6 厘米

枕面呈弧形，两侧高，中间低，枕面饰飞鸟，枕面
下为一静卧兔，长方形底座。施黄、绿、褐釉。胎
质疏松。制作精致，惟妙惟肖。

44. 玩具瓷狗（4件）

宋

2007年宿州市埇上嘉苑运河遗址出土

通长 3.5~6 厘米

捏塑玩具。瓷狗上半部施白釉和酱釉，浅黄色胎。

45. 青釉鸮首形瓷埙（2件）
xiāo

唐

2006年宿州市西关步行街运河遗址出土

高 4.2、孔径 0.7~1 厘米

吹奏乐器。中空，顶有吹口，前有双口。通体施青釉。浅黄色胎。

46. 白釉四系瓜棱瓷罐

五代

2006 年宿州市西关步行街运河遗址出土

高 15.2、口径 8.6、腹径 15.2、底径 8.3 厘米

近直口，圆唇，矮领，溜肩，瓜棱状微鼓腹，矮圈足。
肩附四系。器表施白釉，釉面纯净有光泽。

47. 黑釉瓷盂

五代
宿州市西关大街出土
高 3、口径 5.5、腹径 10.5 厘米

直口，扁腹，平底内凹。外施黑釉，釉面有开片。
灰白色胎。

48. 黑釉雁形瓷哨

宋
宿州市西关步行街出土
高 4.2、长 4.2 厘米

长颈，鼓腹，短剪尾。背部一侧单孔稍大，另一侧
有二孔稍小，能吹出哨音。胎体灰白，较细腻。黑釉，
施半釉，自尾部至颈部斜线以上施釉。

49. 黑釉瓷碗

宋

2006 年宿州市西关步行街运河遗址出土

高 6.5、口径 15、底径 5.5 厘米

敞口，圆唇，弧腹，圈足。内施满釉，外施半釉，釉面光亮，有较多粗斑点，有积釉现象。白灰色胎，细腻。

50. 黑釉瓷盏

宋

馆藏

高 5、口径 12.2 厘米

敞口，圆唇，斜弧腹，圈足稍外撇。浅黄色胎，胎质致密。内施满釉，外施釉至圈足处，口沿内外两侧无釉，施釉均匀，釉面光滑。采用覆烧等方法使瓷器口部无釉，露出胎骨，称之为"芒口"。

①

②

51. 黑釉瓷盏（2件）

北宋

馆藏

① 高 5、口径 11.5、底径 3.2 厘米

② 高 4、口径 9.5、底径 3.5 厘米

敞口，圆唇，斜弧腹，圈足。内施满釉，外施釉至
圈足处。釉层厚，乌黑亮丽。浅灰色胎，细腻。

52. 白釉珍珠地花卉纹瓷钵

北宋

2006 年宿州市西关步行街运河遗址出土

高 5.9、口径 11.6、腹径 12、底径 7.4 厘米

敛口，圆唇，弧腹，平底。内外均施白釉，釉面
有开片。外腹部刻划珍珠纹及花卉纹。

53. 白釉双系瓷执壶

宋

馆藏

高 16.5、口径 8.7 厘米

敞口，尖圆唇，微束颈，瓜棱腹，颈肩
部饰一曲状把手，对面置长弧形流，另
两侧贴饰两系，平底稍外撇。浅灰色胎，
较细腻。内施釉至颈部，外施釉至下腹
部，施釉均匀。

54. 米白釉浅浮雕歇山塔砖

宋

宿州市萧窑白土窑址征集

高 6、长 14、宽 7.3 厘米

夹砂浅黄色胎，较粗糙。一侧施白釉，饰浅浮雕三
层塔。

55. 白釉瓷篮

宋

宿州市大隅口征集

高 4.4、腹径 6.1 厘米

瓷制玩具。敛口，圆唇，鼓腹，饼形底。
口沿处置一弧形提梁。外施白釉不及底，
釉层厚，釉色温润，釉面有开片，釉下施
白色化妆土。夹砂黄褐色胎，稍粗糙。

56. 青白釉瓷粉盒盖

宋

2006 年宿州市西关步行街运河遗址出土

高 2、直径 8.5 厘米

施青白釉，盖顶饰花卉纹。

57. 酱釉小底瓷坛

宋
宿州市东二铺采集
高 55、口径 9、腹径 22.5 厘米

整体器形修长。敛口，斜沿，短颈，长弧腹，平底。
施酱釉，施釉均匀。浅灰色胎。腹部粗弦纹，为泥
条盘筑。

58. 绞胎球

宋

2006 年宿州市西关步行街运河遗址出土

直径 5.5 厘米

圆球状，形制规整，浑圆。灰、褐两种胎土绞胎，线条自然变幻流畅，无釉。

59. 青釉印花瓷碗

宋

宿州市东四铺出土

高 4.5、口径 12.3、底径 5.3 厘米

敞口，圆唇，斜腹，矮圈足。器内底印花瓣纹。内施满釉，外施釉至下腹部，施釉不均，有开片，有脱釉现象。

60. 青釉双系瓜棱瓷执壶

宋
馆藏
高 22.8、口径 10.3 厘米

敞口，圆唇，微束颈，颈肩部置曲状把手，另一端
置圆柱形流，两侧对饰双系，瓜棱腹，平底。外施
釉至下腹部，施釉不均，有积釉现象。浅灰色胎，
稍粗糙。

61. 说唱陶俑

宋

2006年宿州市西关步行街运河遗址出土

长 8.1、宽 3.8 厘米

泥质红陶，模制成型，再以手工雕刻而成。人物盘腿而坐，一手执快板，一手置于膝上，着绣花锦袍，戴高冠，身倚罗伞，似正在说唱。

62. 耀州窑青釉印花瓷碗

宋

2006 年宿州市西关步行街运河遗址出土

高 7.2、口径 19、底径 5.5 厘米

侈口，圆唇，弧腹，矮圈足。浅灰色胎，致
密细腻。除圈足足底外均施青釉，釉面光滑，
有积釉现象。内印缠枝菊花纹，外腹部饰伞
篰纹。北宋陕西耀州窑产品。

63. 白釉褐彩瓷羊

宋

2006 年宿州市西关步行街运河遗址出土

高 6.5、长 7.8 厘米

羊呈蜷卧状，尖嘴，圆眼，短尾，四肢蜷卧。上半部施白釉，卧羊的眼、角、耳、尾及项圈饰褐彩。泥条捏制而成，线条简朴，神态自若。

64. 白釉黑彩少女抱鸳鸯瓷塑

宋

2006 年宿州市西关步行街运河遗址出土

高 5.6 厘米

一少女坐像，面部丰满，发髻中分，左右各扎一束置于耳后，双手怀抱鸳鸯，双腿盘坐。内空。灰白色胎，施白釉，施釉均匀，少女的发髻、眼、眉、唇、足部及鸳鸯的头顶、眼、嘴、翅膀点黑彩。

65. 白釉点褐彩瓷狗

宋

2007 年宿州市埇上嘉苑运河遗址出土

高 6.5、长 9.5 厘米

狗呈蜷卧状，张嘴，圆目，大耳，四肢蜷卧。施白釉，底部露胎。瓷狗的鼻、耳、眼及身上饰褐色斑点。泥条捏制而成，线条简朴，神态自若。

66. 白釉瓷盘

宋

2015 年宿州市灵璧小田庄运河遗址出土

高 4、口径 16.8、底径 6.5 厘米

侈口，圆唇，弧腹，圈足稍外撇。灰白色胎，胎质
细腻。白釉，内施满釉，外施釉不及底，施釉均匀。

67. 白釉褐彩"风花雪月"四系瓷瓶

金
宿州市小隅口北路东出土
高 25.6、口径 4.2、腹径 13.1、底径 8.4 厘米

磁州窑产品，小口，卷沿，短颈，溜肩，长弧腹，
圈足。颈肩部竖装四系。青灰胎，较细腻。口沿及颈、
系上部施酱釉，其下至上腹部施白釉，下腹施酱釉。
上腹部褐彩草书"风花雪月"四字。

2007 年宿州市埇上嘉苑运河遗址出土

高 4、口径 9.3、底径 3.3 厘米

残。敞口，圆唇，弧腹，圈足。施白釉。内有"香引动中仙"字样。

68. 白釉红绿彩瓷碗

金

2007 年宿州市埇上嘉苑运河遗址出土

高 4、口径 9.3、底径 3.3 厘米

残。敞口，圆唇，弧腹，圈足。施白釉。内有"香引动中仙"字样。

69. 高足瓷碗（2 件）

元

宿州市灵璧征集

① 高 7、口径 12，底径 5.3 厘米

② 高 8.3、口径 13.5、底径 5.8 厘米

敞口，圆唇，斜弧腹，高圈足。除圈足下部外，通
体施青釉，釉面有开片。浅灰色胎，胎质细腻。

①　　　　　　　　　　　②

70. 龙凤纹瓷坛

元

宿州市灵璧征集

高 27.8、口径 17.1、腹径 28.6、底径 12 厘米

微敛口，短斜颈，溜肩，鼓腹，内圈足底。胎体灰白，厚重。施白釉，器底无釉，釉面有气泡，釉下施化妆土。肩部褐彩绘地，呈白釉缠枝花叶纹，腹部至底褐彩绘画，主纹饰为龙凤纹，间饰缠枝花卉纹、云纹。线条简约流畅。

71. 钧釉瓷碗

元
馆藏
高 7.5、口径 17.8 厘米

敞口，圆唇，斜腹，圈足。黄褐色胎，
胎质细腻。施钧釉，内施满釉，外施半釉。

72. 德化窑白釉仿犀角杯

明

宿州市灵璧出土

高 6.2、口长 10、宽 7、底长 4、
宽 3.5 厘米

造型呈犀角形，杯身一面堆贴一枝梅，树下
小鹿跪伏于地，寓意为福禄寿。釉呈象牙白
色，细腻滋润，白如凝脂。胎质坚实致密。
胎釉浑然一体，为德化窑仿犀角杯之精品。
德化窑位于今福建德化，元代以来重要的外
销瓷产地。

73. 龙泉窑青釉印花瓷碗

明

1985 年治理淮海路时征集

高 7.4、口径 16.3 厘米

敞口，圆唇，弧腹，圈足。器内底压印花卉纹，外底墨书一字。内外均施青釉，釉层厚，釉面有光泽。浅黄色胎，胎质细腻。

74. 青花瓷碗（2件）

明

宿州市灵璧征集

均高 5.5、口径 13.5、底径 5 厘米

敞口，圆唇，斜弧腹，矮圈足内收。器内饰对称花卉纹，外腹部饰缠枝花卉纹。

75. 青花莲花纹瓷杯（3件）

明

宿州市灵璧征集

均高 4、口径 7.5、底径 2.8 厘米

共三件，器形及纹饰基本一致。敞口，折沿，斜弧腹，
下部折收，矮圈足内收。外腹部饰莲花纹。器底有
"大明年制"款，字体歪斜。

76. 豆青釉双狮耳瓶

清
馆藏
高 26.5、口径 12、腹径 24、底径 14.5 厘米

敞口，圆唇，微束颈，垂腹，圈足。施豆青釉，釉
面光泽亮丽。颈部饰竹节纹，上下两侧饰云雷纹，
颈下部对饰狮首衔环，腹部饰花卉、蝴蝶纹。底有
"大清乾隆年制"款，为清晚期仿款。

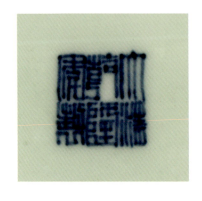

77. 蓝釉白花瓷绣凳

清
馆藏
高 30、凳面直径 23.5、底径 22 厘米

凳面微凹，中间有一组镂孔，凳身呈弧形，
上部及下部饰乳钉纹，中部对饰两组镂
孔，平底。施蓝釉为地，凳面及凳身绘
有洁白的花草。器型优雅，纹饰简洁舒展，
工艺精湛。

78. 胭脂红瓷盘

清

馆藏

口径 20 厘米

敞口，圆唇，浅腹，圈足。内饰花卉纹，外腹饰三
枝叶。底有"大清乾隆年制"款。胭脂红釉创烧于
清康熙末年，是以金着色的粉红色釉，当时称其为
"洋彩"，是清代官窑著名的彩釉之一。

敞口，圆唇，浅腹，圈足。釉面有开片。外底有细
小支钉痕。

79. 仿哥窑开片瓷盘

清
馆藏
口径 27.5 厘米

敞口，圆唇，浅腹，圈足。釉面有开片。外底有细
小支钉痕。

80. 仿哥窑开片瓷碗

清

馆藏

高 12，口径 25.3 厘米

敞口，圆唇，弧腹，圈足。釉面有开片。

铜器

1. 凤鸟纹青铜盉

西周

宿州市泗县出土

通高 29.8、腹径 16、流长 13、足高 9 厘米

圆形盖，连弧状内收三层，上饰兽首，盖一侧有半
环形系孔，以环钩与器肩部半环形系孔相连。圆形
口，流置于上腹部，作凤鸟首状。鋬自肩及腹，上
饰兽首。四兽蹄足。器身满饰勾连云纹。

2. 窃曲纹青铜鬲

西周

宿州市泗县出土

通高 15.7、口径 18、足高 9 厘米

敞口，扁圆唇，口缘较窄外折。束颈圆肩，鼓腹。
袋足深及于底。青灰色，腹部饰一周窃曲纹。

3. 重环纹青铜鼎

西周

宿州市泗县出土

通高 27.5、口径 28.5、腹径 25.4、足高 12.5 厘米

侈口，方唇，浅弧腹，圜底，鼎体小于半球形。三兽蹄足较长，二对称斜立耳，上腹部饰一周重环纹。

4. 青铜壶

西周

宿州市泗县出土

通高 37.5、口径 15、腹径 26、底径 22 厘米

敞口，圆唇，束颈，溜肩，鼓腹下内收，圈足。两肩对饰铺首衔环。颈部饰蕉叶纹，肩部及腹部饰圈带勾云纹和三角云雷纹。

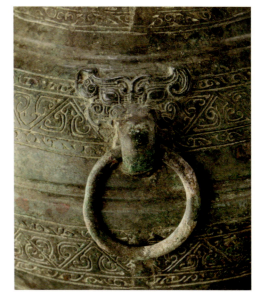

5. 青铜洗

战国
馆藏
高 7.2、口径 28.7 厘米

敞口，平沿，折腹，小平底略内凹。

6. 蚁鼻钱（5件）

战国
馆藏
长 1.65~1.8、宽 1.05~1.2 厘米

楚国货币。其形一端钝，一端尖，正面凸起，背面平或凹入，在尖端有穿孔，或透或不透。正面有阴文文字"咒"，或作"咒"，因其字形与面上小孔相配合，像一丑恶面孔，故又有"鬼脸钱"之名。蚁鼻钱铭文有多种，最常见的是"咒"，此外还有"君""金""行""匋""忻"等多种钱文。

7. "殊布当鈂" 布币（5件）

战国

馆藏

长 10.2~10.7、宽 3.4~4.1、厚 0.2 厘米

币体竖长而有收腰，銎部有圆孔。正面篆书"殊布
当鈂"，背面篆书"十货"。制作精致，为战国中
晚期楚国货币。

8. 三山镜

战国

馆藏

直径 9.7、厚 0.35 厘米

圆形。三弦钮，圆形钮座，外一周凹面宽带纹。纹饰由底纹与主纹组合而成。底纹为羽状纹，底纹之上有三个倾斜的"山"字。素卷缘。

9. 五山镜

战国

馆藏

直径 16.4 厘米

圆形。三弦钮，圆形钮座，座外一周宽带纹。纹饰由底纹与主纹组成。底纹为羽状纹，底纹之上向外伸出五组连贯式的花瓣，每组两瓣，五组花瓣将镜背分为五区，每区内有一倾斜的"山"字，各"山"字之右胁，有一片花瓣纹。素卷缘。

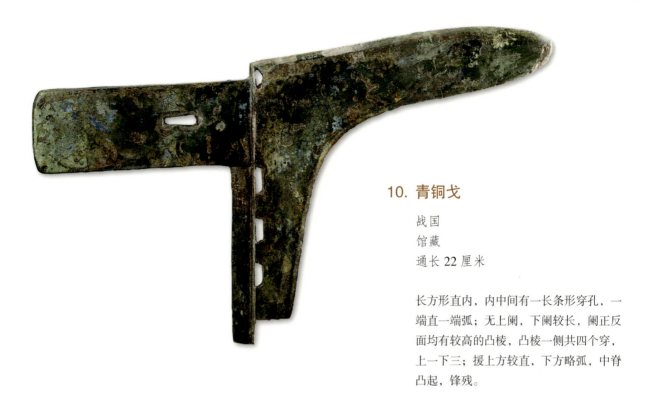

10. 青铜戈

战国
馆藏
通长 22 厘米

长方形直内，内中间有一长条形穿孔，一
端直一端弧；无上阑，下阑较长，阑正反
面均有较高的凸棱，凸棱一侧共四个穿，
上一下三；援上方较直，下方略弧，中脊
凸起，锋残。

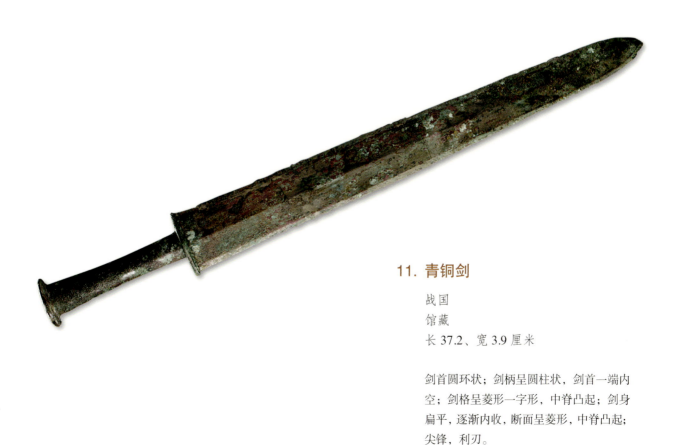

11. 青铜剑

战国
馆藏
长 37.2、宽 3.9 厘米

剑首圆环状；剑柄呈圆柱状，剑首一端内
空；剑格呈菱形一字形，中脊凸起；剑身
扁平，逐渐内收，断面呈菱形，中脊凸起；
尖锋，利刃。

格呈菱形一字形；剑身中脊凸起，中脊两侧有宽凹
槽，剑身中部内收幅度较大；尖锋、利刃。

12. 青铜剑

战国
宿州市桃园镇征集
长 43、宽 4、厚 0.7 厘米

剑首呈圆形喇叭状，柱状柄，柄上有两个圆箍，剑
格呈菱形一字形；剑身中脊凸起，中脊两侧有宽凹
槽，剑身中部内收幅度较大；尖锋、利刃。

13. 青铜镞

战国
宿州市蕲县中学征集
长 6.5、宽 1.4 厘米

双翼，铤内中空。青铜镞是安装在箭杆前端的锋刃
部分。青铜镞在二里头文化时期即已出现，是最早
出现的青铜兵器之一。

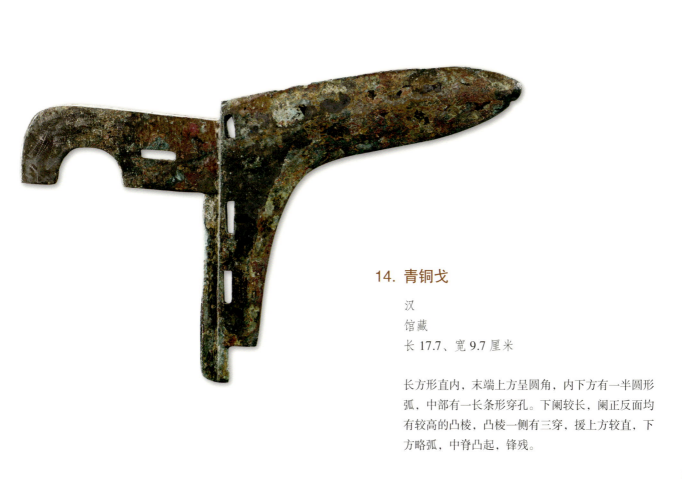

14. 青铜戈

汉
馆藏
长 17.7、宽 9.7 厘米

长方形直内，末端上方呈圆角，内下方有一半圆形
弧，中部有一长条形穿孔。下阑较长，阑正反面均
有较高的凸棱，凸棱一侧有三穿，援上方较直，下
方略弧，中脊凸起，锋残。

15. 铜 矛

汉
馆藏
通长 17.3、宽 2.6 厘米

由身和骹组成，矛身近柳叶状，中间起脊。骹较长，
中空，下部有半环形钮，可穿系缨络。

16. 铜弩机

汉
宿州市符离黄山乡征集
通高 13.3、通长 12.9、通宽 2.9 厘米

由牙、望山、悬刀、穿轴、郭等组成。郭前窄后宽，
上方呈凸形。郭顶部有箭槽。

17. 青铜鼎

汉

馆藏

通高 15.4、口径 14.7 厘米

盖弧形，顶部分列三个半圆形钮，钮顶端有一小伞
状钮，子口承盖，敛口较高，尖唇，平沿，弧腹，
圜底，三矮蹄形足，足根扁平近圆形，足部宽扁。
口沿外附长方形双耳，耳内收。

额处有鳞片状纹饰。钩背一圆形钩钮。

18. 单耳铜杯

汉
原宿县文化馆转交
高 7.3、口径 14 厘米

敞口，圆唇微侈，弧腹，浅圈足，半环状单耳，
上出平錾持手。腹部饰凸弦纹。

19. 铜带钩

汉
馆藏
长 15.5、钮宽 3.2 厘米

细长条形，中间隆起，侧面弧形；钩首螭形，
额处有鳞片状纹饰。钩背一圆形钩钮。

20. 铜　洗

汉

宿州市灵璧出土

高 14、口径 33 厘米

敞口, 斜沿, 平底, 外腹部饰有凸棱,

三矮足。腹两侧各饰一铺首衔环。

21. 铜油灯

汉
宿州市曹村乡闵贤村征集
高 6、长 10 厘米

灯呈卵形，顶部有连接轴和一对系钮，灯上部半侧
分离为灯盖，以顶部的轴与灯身固定连接，盖亦作
灯盘用。通身饰有草叶纹、几何纹。

22. 三足鸡首铜盉

汉
宿州市埇桥区永安镇刘楼村征集
高 12.5、长 26、宽 19 厘米

盖弧形，盖顶居中有桥形钮，下部有一周折棱，盖一侧与器身口沿处通过铰链相连，口微敛，矮颈，鼓腹，圜底，三矮蹄足。流上翘，末端呈兽首形，流口有一盖，盖一端与流相连，浑然一体。与流成90°方向的一侧腹中部接斜向把手，中空，截面呈倒梯形。

23. 铜熨斗

汉
2009 年宿州市芦城孜遗址出土
高 4、长 34.5、宽 14.5 厘米

长柄圆斗，斗为平底敞口。

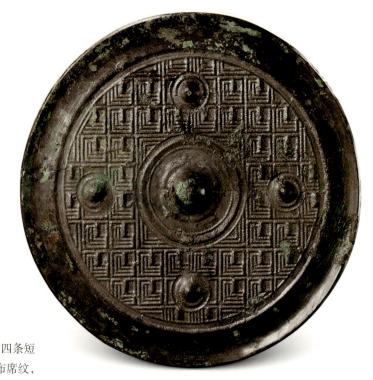

24. 四乳席纹镜

西汉

馆藏

直径 11、厚 0.3 厘米

圆形。圆钮，柿蒂叶纹钮座，叶端向外伸出四条短
直线，与一圈凹面宽带纹相连，主纹饰区遍布席纹，
其上分列四个小乳钉。尖卷缘。

25. 星云纹镜

汉

馆藏

直径 10、厚 0.3 厘米

圆形。博山状钮，圆形钮座，钮座外一
圈内向十六连弧纹，主纹饰区分列四乳
钉，乳钉座圆形，其间分饰四组星云纹，
每组内七个小乳钉状星纹，主纹饰区外
饰一道凸弦纹。镜缘平，呈内向十六连
弧纹。

26. 连弧纹日光镜

西汉

馆藏

直径 6.6、厚 0.5 厘米

圆形。圆钮，圆钮座。座外围一周内向八连弧纹，钮座与连弧纹之间间饰"⚘"和"ℓ"两种纹饰。其外两周栉齿纹之间有铭文圈带："见日月之勿（易），光毋心（忘）。"每字间饰"℃"纹，素窄平缘。

27. 连弧纹昭明镜

汉

宿州市夹沟镇支河乡耿庙前耿家出土

直径 16.8、缘厚 0.5 厘米

圆形。圆钮，锯齿形钮座，外一周锯齿纹，与钮座间饰十二连珠纹和"丫""Ⅲ"纹。外一周凸宽带纹和一周八内向连弧纹，中间饰"⚘""🐦""\\\\"纹。外两周栉齿纹间有一圈铭文带："内而青而以而昭明，光而象夫而日之月兮，而心忽忠扬兮不泄"。宽素平缘。

28. 家常贵富铭文镜

汉

馆藏

直径 6.1、厚 0.4 厘米

圆形。圆钮，圆钮座。其外两周栉齿纹之间有"家常贵富"四字铭文，铭文间饰四个乳钉纹。素宽平缘。

29. 连弧纹铭文镜

汉

馆藏

直径 8、厚 0.2 厘米

圆形。圆钮，圆钮座。座外围一周十二连弧纹，钮座与连弧纹之间有短线组成的简单纹饰；其外两周栉齿纹之间有铭文带："内而青而以而明，而光而象而日而月"。素宽平缘。

30. 四乳神兽博局镜

汉

馆藏

直径 10.2、厚 0.3 厘米

圆形。圆钮，柿蒂纹钮座。座外围为两道凸线方框，方框外为主纹饰区，主纹饰区分列四乳钉，间饰"TLV"形纹、四神兽纹。外围一周栉齿纹。宽缘，缘上饰波折纹。

连弧纹，连弧纹间有"寿如山石"铭文和四个"⊙"符号。宽素平缘。

31. 长宜子孙铭文连弧镜

汉

馆藏

直径 21.4、厚 0.45 厘米

圆形。圆钮，柿蒂纹钮座，外一周凸宽带纹，与柿蒂纹之间有"长宜子孙"铭文。主纹饰区为内向八连弧纹，连弧纹间有"寿如山石"铭文和四个"⊙"符号。宽素平缘。

32. 四乳神人龙虎画像镜

汉

1992 年从原宿县文化站接收

直径 13.8、缘厚 0.7 厘米

圆形。圆钮，圆钮座，其外一周小乳钉纹。主纹饰区分列四乳钉，圆形乳钉座，四乳钉将镜背分四区，饰神人和龙虎画像。外一圈铭文带："□□日月宜子孙"。其外依次饰栉齿纹、锯齿纹、云气纹。三角缘。

33. 八乳禽鸟博局纹镜

汉

馆藏

直径 11.3、厚 0.4 厘米

圆形。圆钮，柿蒂纹钮座。座外围为两道凸线方框，方框外为主纹饰区，主纹饰区分列八乳钉，间饰"TLV"形纹、八禽鸟纹。外围一周栉齿纹。宽缘，缘上饰波折纹、锯齿纹。

34. 铜印章（2件）

汉

馆藏

① "时奉信印" 边长 1.7、高 1.7 厘米

② "山谷一翁" 边长 1.1、高 0.8 厘米

①

②

35. 大布黄千铜币

新莽
馆藏
长 5.7、宽 2、厚 0.3 厘米

平首平肩平足，腰身略收。首部穿一孔。钱文为"大布黄千"，布局在中线左右两侧，均匀得体，笔划流畅。西汉末年王莽篡权之后，改铸钱币。除沿用汉代的方孔圆钱之外，他还下令铸造一批布币。大布黄千便是其中的一种。

36. 契刀五百铜币

新莽
馆藏
长 7.4、宽 3、厚 0.3 厘米

分为上下两部分，上部为圆形方孔，穿孔左右分别书"契刀"二字，币身直书"五百"二字。在新莽货币制度下以一当五铢钱五百枚。民不乐用，不久即废。

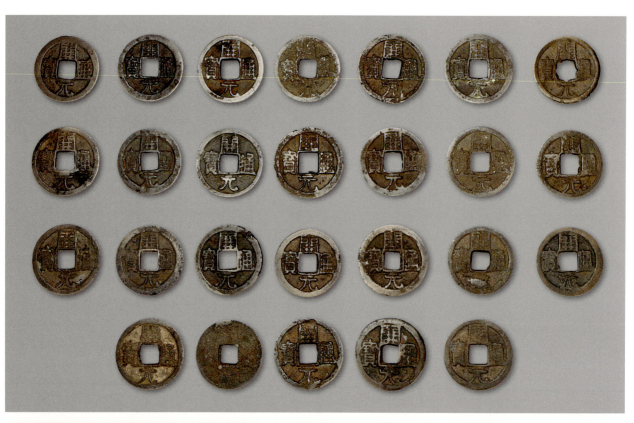

38. 会昌开元铜钱（26件）

唐

宿州市时村街南出土

直径 2.3 厘米

唐武宗会昌五年（845年），朝廷下令各地所铸均于钱背增添地名，统称"会昌开元"。这套会昌开元共26件，正面铭文均为"开元通宝"，背文地名有"昌、洛、益、京、荆、越、襄、宣、洪、兖、润、鄂、平、福、兴、广、桂、潭、梓、梁"等。

39. 宝相花葵形镜

唐

馆藏

直径 16.2、厚 0.35 厘米

六出葵花形，弧度极小。圆钮，花瓣钮座。
座外围一周凸弦纹。座外分布六朵花卉纹。
花卉纹分两组，每组三朵，相间环列。素窄缘。

40. 雀绕花枝菱形镜

唐

宿州市固镇县湖沟浍北乡岳北村征集

直径 10、缘厚 0.7 厘米

八瓣菱花形。圆钮。钮外四禽鸟四折枝
花相间环绕。四禽鸟各分两组，一组两
雀振翅飞翔，尾翼伸展，一组两雁双脚
站立，羽翼微张。四禽鸟间有两组折枝
花对称分布。边缘展翅的四蜂蝶与四朵
两叶一苞的折枝花相间排列。窄缘。

41. 宝相缠枝纹葵形镜

唐
馆藏
直径 27.5、缘厚 0.7 厘米

八出葵花形。花瓣钮座，外一周连珠纹。主
纹饰区饰宝相缠枝花纹。

42. 双鸾双兽葵形镜

唐
馆藏
直径 17、缘厚 0.4 厘米

八出葵花形。圆钮，花瓣钮座。钮的左右各
饰一只鸾鸟，曲颈相对，振翅而立，尾羽后翘，
尾部覆羽卷起。钮的上下各饰一只瑞兽，上
为天马，下为麒麟，两瑞兽作奔跑状，天马
头上有双角，身有羽翼，两瑞兽尾部皆翘起。
下方瑞兽前后两侧各饰一花枝。窄素缘。

43. 玉兔捣药镜

唐
馆藏
直径 11.6、缘厚 0.6 厘米

圆形。镜面为玉兔捣药情景，右侧为月桂树。

44. 饕餮纹四足铜鼎

宋
馆藏
通高 17.5、通长 11、通宽 8 厘米

青铜质, 附鼎盖, 盖为两级方台上置狮形钮,
方耳, 直口。鼎身长方形, 纹饰分两层,
上层饰虎纹, 下层饰兽面纹, 四角及四面
中部面各出一棱, 四鼎足作夔形, 饰虎纹。
器底有三行九字铭文"伯申作宝鼎其永
宝用"。

45. 湖州孙家铭文镜

宋
馆藏
直径 8.2、缘厚 0.4 厘米

圆形。银锭钮。钮的左右两侧各置一圭形框，框内各铸四字铭文"湖州孙家，青鸾宝鉴"。其外环一周凸弦纹。卷缘。

46. 鱼化龙纹桃形执镜

辽
馆藏
通高 21、镜面通宽 12.5、缘厚 0.6 厘米

47. 铜 权

元

原东关文化站转交

高 10 厘米

方钮方孔，权身呈圆形，上宽下窄，束腰，
下部呈圆形，饰凸弦纹。权身一侧有刻文
"三十二"。

48. 马小山造款镜

元

馆藏

直径 12.8、厚 0.4 厘米

圆形。圆钮座，中间铸阳文楷书四字铭文，
合读为"马小山造"。镜背通体素面无纹饰。

49. 五子登科镜

明

馆藏

直径 18.2、缘厚 0.8 厘米

圆形。圆钮。钮上下左右各有一凸起的方框，
框内各铸一楷书字铭，合读为"五子登科"。
其外环一周凸弦纹。窄缘。

50. 火 铳

明

2015 年宿州市灵璧小田庄运河遗址出土

长 42 厘米

由前膛、药室和尾銎组成。尾銎刻有"凤阳皇度
衛造铳，重三斤六两，监造亏扎山，习示匠木
□□□，洪武十年"等铭文。

火铳是我国元代和明代前期对金属管形射击火器
的统称，以火药发射石弹、铅弹和铁弹等。

51. 佛　像

明

宿州市灵璧出土

高 12.3、通宽 7、底座长 6.5、底座宽 4 厘米

菩萨端坐于莲座上，手握佛珠，面露慈祥。背部有"大明宣德年制"款。

52. 佛 像

明

宿州市灵璧出土

高 16、长 10 厘米

53. 罗汉像
明
馆藏
高 21.4、底座直径 7.8 厘米

54. 真武像
明
馆藏
高 22、长 12.2、宽 7.7 厘米

55. 天王像

明
馆藏
高 21.7、长 8.3、宽 6 厘米

56. 佛 像

明
馆藏
高 20.5、通长 11.7、通宽 6.9 厘米

57. 后土像

明
宿州市苗安石桥乡征集
高 36、通长 21.8、通宽 13 厘米

58. 韦驮像

明

馆藏

高 26.7、长 12.3、宽 7.3 厘米

铜像站立状。韦驮是佛的护法神。

59. 子母狮

明
宿州市蕲县文化站征集
高 7、长 5.5、宽 4.1 厘米

一母狮站立，头侧向作嘶吼状，圆目、
短尾，腹部肋骨明显，一幼狮口咬母狮
右前肢作嬉戏状。母子狮下置一长方形
底座。

60. 佛 像

清

宿州市灵璧出土

高 13、底座长 8.4、通宽 6 厘米

菩萨端坐于莲座，作冥思状。

61. 仿大明宣德铜炉

清
馆藏
高 8.5、口径 15 厘米

敞口，平沿，斜肩，弧腹，圈足。颈肩部饰对称兽面形耳。底部有"大明宣德年制"款。

62. 吉祥语套印（1 套 5 件）

清

馆藏

最外层边长 3 厘米

古人不见今时月　　同是天涯沦落人　　人影在地仰见明月　　半潭秋水一房山　　乌得不逢人热肠
今月曾经照古人　　相逢何必曾相识

永在何妨拙　　　翰墨　　　立身扬名　　　活活泼泼　　　慎思

晴窗一日几回看　　宜尔子孙　　　吟风弄月　　　即此是学

思君令人老　　乐琴书以消忧　　酒熟花开二月时　　恨相知晚　　　血性男子

如意　　　　形似　　　行云流水　　　拜托　　　护封　　　唯吾知足

63. 铜熨斗

清
馆藏
高 6.7、长 12.5、底径 6.6 厘米

生活用具。铜熨斗内置炭火，可以加热熨衣；旁边
有把，便于手持使用。

金银玉器

1. 玉 瑗

新石器时代

宿州市符离清水沟遗址出土

外径 8.9、内径 5.8、厚 1.1 厘米

2. 鸟首形玉饰件

西周

宿州市芦城孜遗址出土

长 3.4、宽 2、厚 0.5 厘米

3. 玉 觿
^{xī}

西周

馆藏

长 6.8、宽 1.7 厘米

动物状，一端有穿孔。古代一种解结的锥子。

4. 玉玦（1对）

周

2009 年宿州市芦城孜遗址出土

直径 2.6、孔径 0.8 厘米、厚 0.4 厘米

两件，形制相同。圆形，灰白色玉料，中间一圆形穿孔。

5. 琉璃耳珰（1对）

汉

宿州市曹村大山口汉墓出土

长 2.3 厘米

耳珰是戴在耳垂上的饰物。一端稍大，内有一周凹槽。另一端较小，平底。耳珰两端中心有细孔贯通。

6. 描金石料口琀

汉

馆藏

长 5.5、宽 3.3 厘米

蝉形。石料制，外有金片。

7. 青玉璜（1 对）

汉

馆藏

通长 12、宽 3.2、厚 0.2 厘米

8. 青玉璧

汉

馆藏

直径 14、厚 0.3 厘米

青玉。璧面饰蒲纹，璧外沿及近孔沿处阴刻
弦纹一周。

9. 玉　璧

汉

馆藏

直径 16.6、厚 0.4 厘米

青玉。璧面饰谷纹，璧外沿及近孔沿处阴刻
弦纹一周。

10. 玉　璧

汉

馆藏

直径 11、厚 0.45 厘米

青玉。璧面饰谷纹，璧外沿及近孔沿处阴刻
弦纹一周，两面纹饰相同。

11. 兔形玉佩

唐

宿州市农药厂宿舍唐元和七年墓出土

高 1.4、长 2.5、宽 1.3 厘米

黄色，局部有褐色沁。圆雕。兔作俯卧状，四肢扑地。单阴线琢出兔首，长耳后竖，尾巴下垂，底略内凹。

12. 玉饰件

唐

2009 年宿州市芦城孜遗址出土

长 8.6、宽 5.4、厚 0.6 厘米

灰白色半透明玉料，上部有一穿孔，下端残。

13. 水晶鸡心坠

宋

2006 年宿州市西关步行街运河遗址出土
高 3.5、腹径 2.4 厘米

鸡心形，尖顶有系孔。水晶纯净，琢制精细，
晶莹剔透。

14. 青玉觚

明

宿州市灵璧县高楼公社窖藏出土
高 11、口径 5.6、底径 3.6 厘米

青玉质。仿青铜觚形，喇叭口，腹鼓凸，足外撇，
四角各饰扉棱，觚身阴线刻出兽面纹，以扉
棱为界，对称分布。觚底另出一矮足，内中空。
琢制精细，为当时高级文玩摆件。

青玉。细长条形，中间隆起，侧面弧形。
钩首螭形。钩背一圆形钩钮。

15. 青白玉螭虎纹带钩

明
宿州市灵璧出土
长 13.2、宽 3 厘米

青白玉。钩首螭形，带钩正面饰一只匍匐的
虎纹。钩背一圆形钩钮。

16. 青玉带钩

明
宿州市灵璧出土
长 8.2、宽 2 厘米

青玉。细长条形，中间隆起，侧面弧形。钩
首螭形。钩背一圆形钩钮。

17. 青玉荷花寿字纹执壶

明

宿州市灵璧县高楼公社窖藏出土

高 17.6、口径 4.75、宽 12.7、厚 0.5 厘米

玉色青白。器呈扁圆葫芦形，一侧为弯曲长流，
雕为侧置的象鼻形，一侧为执手，上饰龙首
纹；壶身两面上中部各饰一篆体"寿"字纹，
其左右各饰一"万"字纹，下饰仙桃果树一株。
长圆形圈足。壶口、壶盖边沿饰回纹，盖面
饰凹弦纹三道，顶平有孔，捉手残缺。

18. 双鹿玉山子

明

宿州市灵璧县高楼公社窖藏出土

高 7、宽 15.6、厚 3.9 厘米

玉呈青色，局部褐色沁。圆雕两梅花鹿游栖
山野间，山峦起伏，山峰耸立。左前方雌鹿
卧姿，中后方雄鹿行于山上，口衔瑞草，左
右各雕一朵灵芝。两鹿回首相望，温馨吉祥。

①   ②

19. 白玉扳指（2件）

清
馆藏
① 高 2.8、直径 3.3 厘米
② 高 2.9、直径 3.5 厘米

圆柱形，玉质温润光滑。

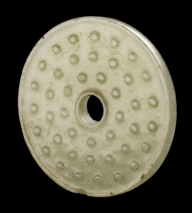

20. 乳丁纹玉璧

清
宿州市灵璧出土
直径 5.5 厘米

白玉。玉质温润。一面饰乳钉纹，另一面饰
卷云纹。

21. 玉鼻烟壶

清
宿州市灵璧出土
高 5.2、长 3.8 厘米

白玉。小口，直颈，扁腹，长圈足。玉质温
润光滑。

22. 金戒指

明

宿州市灵璧出土

直径 2 厘米

金黄色。戒面抹角长方形，侧面呈弧形。
戒面上刻划双栏、飞雁。

23. 银耳环（1 对）

清

宿州市灵璧出土

通长 12 厘米

上有一环，下有蝙蝠、花卉等装饰，最下部
有银链坠饰。制作精美。

24. 宿州光绪年款银锭

清

宿州市木牌坊粮站工地出土

高 7、长 11.2、宽 6.7 厘米

元宝形。上压印"宿州",左右为"光绪年月"
"匠李清□"字样。

25. 淮北光绪年款银锭

宿州市木牌坊粮站工地出土
高 7.4、长 11.3、宽 6.7 厘米

元宝形。上有"淮北厘局",左右为"光绪
年月""靳源兴银号"。淮北厘局是对淮盐
征收盐厘的机构。

26. 五河光绪年款银锭

宿州市木牌坊粮站工地出土
高 7.8、长 11.6、宽 7.2 厘米

元宝形。上有"五河盐厘",左右分别为"光绪年月"。清代五河设盐厘局。

①

②

27. 清银锭（2件）

清
宿州市木牌坊粮站工地出土
均高 3.7、长 5.4、宽 5.5 厘米

① 太湖县程全款银锭
银锭，上部呈尖状，底面近呈长方形。底有"太
湖县匠程全"字样。

② 韩鼎昌款银锭
呈弧形，底面两端宽，中间内收。底面有两
排"韩鼎昌"字样。

182